中等职业教育精品教材

法律基础知识

主　编　金　磊

参　编　薛　珍　叶　俊
　　　　施海静　施宁宁

北京理工大学出版社
BEIJING INSTITUTE OF TECHNOLOGY PRESS

版权专有 侵权必究

图书在版编目（CIP）数据

法律基础知识 / 金磊主编. -- 北京：北京理工大学出版社，2023.7重印
ISBN 978-7-5682-9932-9

Ⅰ. ①法… Ⅱ. ①金… Ⅲ. ①法律－中国－中等专业学校－教材 Ⅳ. ①D92

中国版本图书馆CIP数据核字（2021）第116748号

出版发行 / 北京理工大学出版社有限责任公司
社　　址 / 北京市海淀区中关村南大街5号
邮　　编 / 100081
电　　话 / （010）68914775（总编室）
　　　　　（010）82562903（教材售后服务热线）
　　　　　（010）68944723（其他图书服务热线）
网　　址 / http://www.bitpress.com.cn
经　　销 / 全国各地新华书店
印　　刷 / 定州启航印刷有限公司
开　　本 / 889毫米 × 1194毫米　1/16
印　　张 / 13
字　　数 / 229千字
版　　次 / 2023年7月第1版第2次印刷
定　　价 / 41.00元

责任编辑 / 梁铜华
文案编辑 / 杜　枝
责任校对 / 刘亚男
责任印制 / 边心超

图书出现印装质量问题，请拨打售后服务热线，本社负责调换

  少年强则国强,青少年的价值取向关乎国家的未来,《中共中央关于全面推进依法治国若干重大问题的决议》提出将法治教育纳入国民教育体系。对青少年进行法治教育对于全面推进依法治国的进程具有基础性、先导性、关键性的意义。通过法治教育,法治意识、法治思维可以在青少年头脑中扎根,使他们能够发自内心地拥护和信仰法律。培养学生的法治意识是学校教育应尽的职责。

  根据中国义务教育法的规定,儿童应接受为期9年的义务教育(小学和初中),这一阶段的教育具有国家强制性,接受教育既是公民权利又是公民义务,国家负有保障责任,公民也不得自行放弃。公民在15～16岁初中毕业,根据民法规定,年满16周岁并以其劳动收入为主要生活来源的,视为完全民事行为能力人。按照劳动法的规定,公民年满16周岁获得劳动的权利能力。虽然初中毕业是否接受高中教育或中等职业教育(职高、中专、技校),法律没有强制规定,由公民自行决定,但是目前我国高中阶段(含中职)教育普及率已经达到90%以上,其中50%左右学生进入中等职业学校学习。学生高中毕业时是18～19岁,这一年龄阶段是公民一生中获得完全民事行为能力后走向社会的起步阶段,也是限于目前家庭状况和社会生活条件而不能完全以自己的能力获得独立的阶段。他们虽身体逐渐成熟、法律上独立,但知识技能和心智尚不成熟,经济上对家庭也存在依赖。换言之,放飞理想的愿望与翅膀不硬的事实集于一身,因此,这一阶段是美好而青涩的。在这一阶段,要告诉他们,一切美好的事物应当由自己追寻,一切不利的后果也应当由自己承担。

  这一阶段,也是青年价值观形成的关键期。进入中职阶段后,随着教学实习、顶岗实习等活动的开展,学生接触了更多生产经营活动。他们与社会的接触面扩大，生活阅历逐渐丰富，文化知识持续增长。随着自我意识的发展和理论思维的逐渐形成，青年初期会引起对自我在社会中应肩负的使命的认识，会不断加深对人生的思考，会经常把社会中所接触的现象提高到社会价值和社会意义上来衡量，并为此不断地展开讨论。高中生价值观的核心是人生意义问题，他们逐渐学会将个人的生活目标与社会发展的方向相联系。在学生的学习动力上，童年和少年时期比较单纯的好奇心已失去支配地位，信念和理想开始起支配作用，而这归根结底受其人生观的制约。正确的人生观、价值观能使学生树立理想、坚定信念，进而转化为其学习的动力。

职业教育具有十分明确的职业定位，如汽车维修、国际贸易、烹饪专业等，然而法律教育没有明确的职业定位。由于法律调整社会生活的方方面面，有人的领域就有法律，因此法律教育是特殊的全民素质教育，其目标是培养拥有较强法律意识的公民。在学习法律之前，人们或多或少对法律现象有一定的经验或者感知，有一些肤浅的法律观念，比如这件事是否公正，那件事是否合法，但这些经验和观念尚未体系化，甚至凌乱、矛盾。由于还没有建立系统的知识体系，人们可能对一些侵权或者违法现象熟视无睹，也可能不会理性区分"应然"和"实然"，因此往往将合法、合情、合理混为一谈。法律是什么？很多人认为法律就是制裁和惩罚，不知道法律的指引、评价、预测和教育作用，也不知道利用法律维护自己的合法权益。加强法律教育，可以使学生掌握基础的法律知识，在头脑中建设法律坐标系，建立科学的运用法律分析社会现象的思维方式，树立正确的法律理念，提高辨别是非的能力，自觉守法、依法办事，运用法律维护自身合法权益，成为具有较高法律素养的公民；可以使学生在未来的生活和职业发展中少走弯路，提升个人幸福感，推进社会发展。

本书重在阐述基础的法学理论和各部门法的基本概念和基础知识，力求系统性、基础性、实用性的统一。在此，对本书做如下说明：

第一，本书主要供中职学校非法律专业的学生使用，全面涵盖了法理学及宪法、行政法、民法、刑法学、社会法的相关内容。

第二，本书是一本法律常识读本，既有对法理法规的阐释，又着眼于解决学生学习、生活、就业等方面的实际问题，为其提供法律指引。

第三，传播观念的最佳手段是故事，观念传播背后是知识体系和价值系统的形成与建立，本书利用故事和案例，尽量避免刻板、枯燥、乏味，有助于学生理解法律精神。

第四，通过设置思考题，结合法律知识，培养学生的分析、思辨能力。

第五，通过言简意赅的经典法律名言、名人格言，探寻中西法律文化，寻找法治力量，培育遵法情怀。

第六，通过介绍中华人民共和国（特别是党的十八大以来）全面依法治国新成就，树立法治中国的自信心。

法律是人类历史的凝结，它是曾经发生在先人生活中的一个个故事，它是我们当今社会的生存规则，它更是我们的后代应当比我们生活得更美好的一种理想。本书由金磊任主编，薛珍、叶俊、施海静、施宁宁参编。作为法律教师，多年来的教学经历使我们深感责任重大，虽然为了本书的编写我们做出了很大的努力，以期对法治教育事业尽绵薄之力，但由于时间仓促且编者水平有限，书中难免有疏漏之处，敬请广大读者批评指正。

编　者

Contents 目录

第一章 法的基础理论

第一节 什么是法   2
第二节 法的体系和效力   6
第三节 法律关系   14
第四节 法治国家   22

第二章 宪法

第一节 宪法概述   30
第二节 我国的国家制度   36
第三节 我国公民的基本权利和义务   40
第四节 我国的国家机构   49

第三章 民法

第一节 民法概述   62
第二节 民事法律行为   72
第三节 物权   80
第四节 合同   88
第五节 人身权   99
第六节 侵权责任   103

第四章 刑法

第一节 刑法概述   110
第二节 犯罪   115
第三节 刑罚   124
第四节 犯罪的种类   130

第五章 行政法

第一节　行政法概述　　　　　　　**140**
第二节　行政行为　　　　　　　　**148**
第三节　行政许可　　　　　　　　**152**
第四节　行政处罚和治安管理处罚法　**157**
第五节　行政救济　　　　　　　　**169**

第六章 社会法

第一节　劳动和社会保障法　　　　**178**
第二节　未成年人劳动权益保护　　**189**

参考文献

有这样一个"神兽断讼"的传说：上古时期，有一个名叫皋陶的人以正直闻名天下，被舜任命为掌管刑法的理官。在断案遇到疑难时，他常用一种叫"廌（zhì）"的独角兽决讼。"廌"也叫獬豸（xiè zhì），能辨别是非曲直，见到有人相斗，它会用犀利之角触去理屈之人。后来，"廌"成为执法公正的化身，古人将其形象制成帽子，专门给御史等执法官戴，这种法冠就叫"獬豸冠"。

"廌"以角触断罪的方法，被古人在造字时用会意的方式放进了"法"字的构形之中。"法"字古字形为"灋"，许慎在《说文解字》中说："灋，刑也。平之如水，从水；廌，所以触不直者；去之，从去"。

獬豸

第一章 法的基础理论

第一节 什么是法

知识目标

要求了解法的定义,掌握法的特征,能够分析法与道德的异同。

思维导图

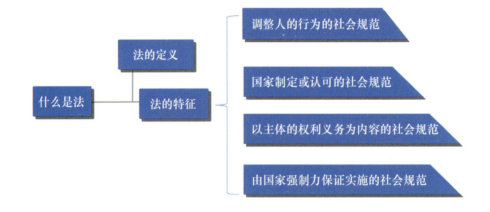

一、法的定义

没有任何人能脱离法律的指引、控制和管理,从一出生,人就进入了法律关系。法律为人们的家庭、人际关系、工作、生活以及更多的社会、经济、政治活动建立框架，保护安全、实现公正。

法是一种复杂的社会历史现象，它不是从来就有的，也不是一成不变的。在原始社会早期，调整人们行为的规范是氏族成员在共同生活中形成的氏族习惯。随着生产力的不断提高以及社会关系发生变化，私有制、阶级、国家出现，习惯逐渐变成习惯法，当习惯法不足以调整日益复杂的社会关系时，国家有针对性地制定规则，成文法就出现了。

> **想一想**
>
> "刑不可知，则威不可测"是一句古语，出自《左传》，意为法律如果不公布，它的威力是无穷尽的。在古代统治阶级看来，不让民众知道制定了什么法律，而当民众触犯了法律的时候对他们进行严酷惩罚，这样民众就会对那些存在但他们不知道的法律产生恐惧，就会易于统治，法律也就产生了威慑效果。
>
> 想一想：为什么说成文法的出现，是人类社会文明进步的表现？

在科技迅速发展、全球化、文化和利益日益多元化的今天，法律已经成为我们社会进步和发展的重要工具，食品安全、环境保护、社会福利、信息安全以及其他方面的许多需求都促进了法律的蓬勃发展。

迄今为止，无论是国内还是国外，还没有一个为整个法学界所公认的对法的概念的标准定义。古今中外的思想家们给出了诸多的答案，有的认为法是国家的、掌权者的命令和规则；有的认为法是自然的理性、公正，是神的意志；有的认为法是控制社会的手段。这些解释虽然也包含富有启迪的见解，但总体上并非科学的定义，不能揭示法的本质。

马克思主义认为，法是国家制定或认可，并且依靠国家强制力保证实施的，反映统治阶级利益和意志，以权利和义务为调整机制，以确认、保护和发展有利于统治阶级的社会关系和价值目标为目的的行为规范体系。

阅读与思考

中国历史上第一次公布的成文法

《左传·昭公六年》记载："三月，郑人铸刑书"。公元前536年阴历3月，郑国

执政子产将郑国的法律条文铸在象征诸侯权位的金属鼎上,向全社会公布,史称"铸刑书",这是中国历史上第一次公布成文法的活动。

铸刑书,公布成文法,开创了古代公布法律的先例,否定了"刑不可知,则威不可测"的秘密法。中国夏商与西周的法,是一种完全依附于礼的法,奴隶制王朝中奴隶主贵族进行判断的时候,往往标榜自己遵从"礼"的原则,以礼治国,依礼治国。子产的刑书在内容上背离了"礼"的制度,因此在当时遭到了上层贵族强烈抵制,晋国的叔向便是反对派的代表之一。

叔向反对子产铸刑书是中国法制史上的一个争论不止的话题。叔向反对把法律明文公布出来,反对把法律从礼教中独立出来,他认为,国家法律应该保密,不应该公之于众,因为一旦平民百姓也知道法律上的规定,就不会再看重道德,遵守礼仪,不会再俯首听命于官员贵族,官员们便失去了威风;而人们知道了法律,就可以知道官员审判案件时是否合理合法,就会去钻法律条文的空子,对官府对他人依法进行争辩,造成种种争端事情的出现,犯法的人也就会多起来。因而,他预言,郑国在铸刑书之后,败落也就为时不久了。事实上,子产的改革是成功的,成效是巨大的,直到子产于公元前522年(郑定公八年)去世时,郑国也没有衰败,一直治理得很好。"铸刑书"使郑国走上了政通人和的发展轨道,对于后世也有着非常深远的影响。甚至孔子后来都承认这一事实:"人谓子产不仁,吾不信也。"孔子听到子产死,流着眼泪说:"古之遗爱也。"称赞子产的仁爱,有古人的遗风。

子产"铸刑书",将法律公布于众,昭示全国上下一律遵行,以限制强宗贵族的特权和不法行为,保护庶民百姓的利益。这在一定程度上体现了春秋时期王权的失坠和新兴地主阶级的兴起,新兴地主阶级将斗争的矛头首先指向以秘密专横为特征的奴隶制法律制度,并将代表封建地主阶级意志的成文法公布于众,从而引发了中国历史上最早的一次法律变革,揭开了中华法系的序幕,在法律制度发展史上具有划时代意义。

二、法的特征

根据我国目前对法的主流定义,通常把法的特征归纳为四个方面。

1. 法是调整人的行为的社会规范

法是一种社会规范，同道德、宗教、习俗等社会规范一样可以调节人们的社会关系，但是法只以人的外部行为和客观事件为规范和评价对象，法不直接干预人的内在精神活动。虽然人类历史上出现过法律对思想的控制（如我国古代的"腹诽罪"），但现代文明社会的法律规范都把调整对象限定在行为关系上。

2. 法是国家制定或认可的社会规范

法与道德、宗教、习俗、礼仪等其他社会规范的首要区别在于法是由国家创立的，代表着国家权力和意志。在不同的社会制度和法律传统下，国家创立法的方式有所不同，主要有两种方式：一是制定，即国家机关通过立法活动创制新的规范；二是认可，即国家机关赋予某些已经存在的社会规范以法律效力，或者赋予先前案件的判决以法律效力。比如英、美等判例法制度的国家，法官在审理案件时就要遵循先前判决所形成的规范。

3. 法是以主体的权利义务为内容的社会规范

法的核心内容是主体权利义务的规定，一般来说，权利体现了主体的利益和为实现利益可以采取行动的自由，义务体现了主体为满足他人或社会的利益而必须做或者不做的行为。义务包括作为的义务，如纳税；也包括不作为的义务，如不得盗窃。

4. 法是由国家强制力保证实施的社会规范

任何一种社会规范都有强制性，然而不同的社会规范强制性的性质、范围和程度不尽相同，例如，道德是靠人们的内心信念和社会舆论来保证实施的，违反道德会受到舆论批评和良心谴责。法律的强制性是以国家力量为后盾的有组织的强制，通过警察、法庭、监狱甚至军队来保障。

知识链接

古罗马人在吸收古希腊神话的基础上加入自己的一些创意，塑造出罗马人的正义女神 Justitia，这个词来源于拉丁语"Jus"也就是"法"这一词根，"朱斯提提亚"就是正义女神的意思。一般来说，标准的正义女神（图1-1）形象有五大要素：

（1）身着白袍，意味着道德纯洁、刚正不阿；

（2）一手握宝剑，表示正义的权威和裁判的严厉；

（3）一手拿天平，象征着判案的公平；

（4）头戴金冠，表示尊贵无比、荣耀第一；

（5）紧闭着双眼或用布遮挡眼睛，意味着明理性观察。

图1-1　正义女神

练一练

1．小张自幼胆小，性格内向，认为法律是惩罚坏人的，千万不能触碰法律，所以对法律敬而远之，这种认识是否正确？

2．近年来，各地先后曝光了一些虐待宠物的事件，有人以残忍手段伤害宠物，激起了广大网友的愤怒，在社会上引起强烈反响，请从道德和法律角度谈谈你的看法。

第二节　法的体系和效力

知识目标

要求了解法的体系的概念，掌握当代中国法律层次和法律部门；理解法的效力等级，了解法的效力范围。

思维导图

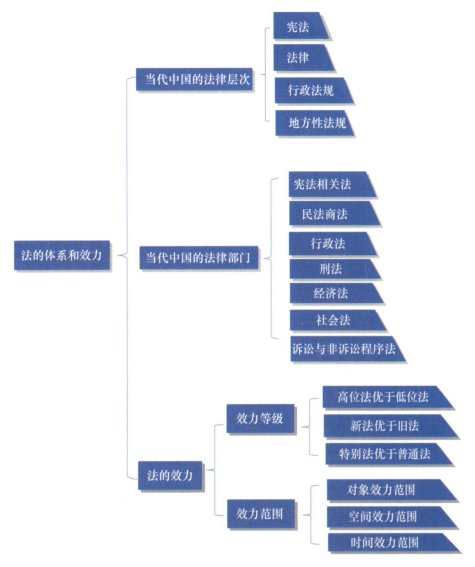

中国特色社会主义法律体系，是以宪法为统帅，以法律为主干，以行政法规、地方性法规为重要组成部分，由宪法相关法、民法商法、行政法、刑法、经济法、社会法、诉讼与非诉讼程序法等多个法律部门组成的有机统一整体。

一、当代中国的法律层次

1. 宪法

宪法是中国特色社会主义法律体系的统帅。宪法是国家的根本法，在中国特色社会

主义法律体系中居于统帅地位,是国家长治久安、民族团结、经济发展、社会进步的根本保障。在中国,各族人民、一切国家机关和武装力量、各政党和各社会团体、各企业事业组织,都必须以宪法为根本的活动准则,并负有维护宪法尊严、保证宪法实施的职责。

2. 法律

立法法规定了全国人大及其常委会的专属立法权。全国人民代表大会有权制定和修改刑事、民事、国家机构的和其他的基本法律;全国人民代表大会常务委员会制定和修改除应当由全国人民代表大会制定的法律以外的其他法律。全国人大及其常委会制定的法律,构成了中国特色社会主义法律体系的主干,也为行政法规、地方性法规的制定提供了重要依据。

3. 行政法规

国务院根据宪法和法律制定行政法规。行政法规可以就执行法律的规定和履行国务院行政管理职权的事项做出规定,行政法规在中国特色社会主义法律体系中具有重要地位,是将法律规定的相关制度具体化,是对法律的细化和补充。

4. 地方性法规

地方性法规是中国特色社会主义法律体系的又一重要组成部分。根据宪法和法律,省、自治区、直辖市和较大的市的人大及其常委会可以制定地方性法规,效力不超出本行政区域范围,作为地方司法依据之一。

阅读与思考

2018年11月30日,浙江省十三届人大常委会第七次会议审议通过《浙江省保障"最多跑一次"改革规定》(以下简称《规定》),引发广泛关注。近年来,浙江省在多轮行政审批制度改革的基础上,推出以"最多跑一次"为标志的"放管服"改革,成效显著,创造出一个个"浙江速度":二手房交易基本实现一小时办结;出生、婚姻状况等公证事项实现"立等可取"。针对企业和群众反映强烈的重复提交材料、转嫁证明责任、办事时间长等问题，《规定》明确，实行统一收件或者受理的办事事项，只需提供一套材料，可以通过公共数据平台提取的材料，不再要求申请人提供；户口本、居住证、驾驶证、社会保障卡、市民卡、老年卡、人像认证结果等记载申请人身份信息的有效证件或者凭证均可以作为身份证明材料。在改革中，浙江省人大充分行使重大事项决定权、立法权、监督权，为"最多跑一次"改革保驾护航。《规定》用地方立法的方式固化了浙江省近年来推进"最多跑一次"改革形成的经验做法，破解了改革中存在的不少制度障碍，为进一步推进改革预留了充足空间。

请思考：为什么需要地方立法？

二、当代中国的法律部门

法律部门是根据一定标准和原则，按照法律调整的社会关系的不同领域和不同方法所划分的同类法律规范的总称。在当代中国，法律体系由多层次的法律部门组成。

1. 宪法相关法

宪法相关法是与宪法相配套、直接保障宪法实施和国家政权运作等方面的法律规范，主要责任是调整国家政治关系，主要包括国家机构的产生、组织、职权和基本工作原则方面的法律，民族区域自治制度、特别行政区制度、基层群众自治制度方面的法律，维护国家主权、领土完整、国家安全、国家标志象征方面的法律，保障公民基本政治权利方面的法律。

2. 民法商法

民法是调整平等主体的公民之间、法人之间、公民和法人之间的财产关系和人身关系的法律规范，遵循民事主体地位平等、意思自治、公平、诚实信用等基本原则。商法调整商事主体之间的商事关系，遵循民法的基本原则，同时秉承保障商事交易自由、等价有偿、便捷安全等原则。编纂民法典，是对我国制定于不同时期的民法总则、物权法、合同法、担保法、婚姻法、收养法、继承法、侵权责任法和人格权方面的民事法律规范进行全面系统的编订纂修，形成一部具有中国特色、体现时代特点、反映人民意愿的民法典。我国制定了公司法、证券法、保险法等法律，建立健全了商事制度，中国的

市场经济活动迅速发展。

3．行政法

行政法是关于行政权的授予、行政权的行使以及对行政权的监督的法律规范，调整的是行政机关与行政管理相对人之间因行政管理活动发生的关系，遵循职权法定、程序法定、公正公开、有效监督等原则，既保障行政机关依法行使职权，又注重保障公民、法人和其他组织的权利。我国十分重视对行政机关行使权力的规范，依法加强对行政权力行使的监督，确保行政机关依法正确行使权力。

4．刑法

刑法是规定犯罪与刑罚的法律规范。它通过规范国家的刑罚权，惩罚犯罪，保护人民，维护社会秩序和公共安全，保障国家安全。刑法确立了罪刑法定、法律面前人人平等、罪刑相适应等基本原则。我国刑法规定了犯罪的概念；规定了刑罚的种类，并对刑罚的具体运用做出了规定；规定了危害国家安全罪、危害公共安全罪、破坏社会主义市场经济秩序罪等十类犯罪行为及其刑事责任。

5．经济法

经济法是调整国家从社会整体利益出发，对经济活动实行干预、管理或者调控所产生的社会经济关系的法律规范。经济法为国家对市场经济进行适度干预和宏观调控提供法律手段和制度框架，防止市场经济的自发性和盲目性所导致的弊端。中国依法对财税、金融、外汇、投资等体制进行改革，建立了与市场经济相适应的宏观管理体系。中国经济的市场化进程取得了举世瞩目的成就。

6．社会法

社会法是调整劳动关系、社会保障、社会福利和特殊群体权益保障等方面的法律规范，遵循公平和谐和国家适度干预原则，对劳动者、失业者、丧失劳动能力的人以及特殊人群的权益提供保障，促进社会和谐。我国制定了劳动法，将劳动关系以及劳动保护、劳动安全等关系纳入调整范围，确立了中国的基本劳动制度；我国重视社会保障制度建设，制定了社会保险法，确立了覆盖城乡全体居民的社会保险体系，建立了基本养老保险、基本医疗保险、工伤保险、失业保险和生育保险五项保险制度，保障公民在年老、患病、工伤、失业、生育等情况下，能够获得必要的物质帮助和生活保障。

7. 诉讼与非诉讼程序法

诉讼与非诉讼程序法是规范解决社会纠纷的诉讼活动与非诉讼活动的法律规范。诉讼法律制度是规范国家司法活动、解决社会纠纷的法律规范，非诉讼程序法律制度是规范仲裁机构或者人民调解组织解决社会纠纷的法律规范。我国制定了刑事诉讼法，规定未经人民法院依法判决，对任何人不得确定有罪等刑事诉讼的基本原则和制度，有效保证了刑法的正确实施。我国制定了民事诉讼法，确立当事人有平等的诉讼权利、根据自愿和合法的原则进行调解、公开审判、两审终审等民事诉讼的基本原则和制度。我国制定了行政诉讼法，确立了"民告官"的法律救济制度。自《行政诉讼法》颁布实施以来，平均每年受理行政案件10万余件，保障了公民的合法权益，促进了行政机关依法行使行政职权。

上述法律部门确立的各项法律制度，涵盖了社会关系的各个方面，把国家各项工作、社会各个方面纳入了法治化轨道，为依法治国、建设社会主义法治国家提供了坚实的基础。法律已经成为中国公民、法人和其他组织解决各种矛盾和纠纷的重要手段，也为中国各级人民法院维护公民、法人和其他组织的合法权益提供了重要依据。

三、法的效力

法的效力是指法作为一种国家意志所具有的对于主体行为的普遍约束力和强制性。法的效力包括两方面内容：效力等级和效力范围。

1. 法的效力等级

确定法的效力等级通常遵循以下原则：

（1）高位法优于低位法。法的效力等级首先取决于它的制定机关在国家机关体系中的地位。如全国人大制定的法律高于国务院制定的行政法规。

（2）新法优于旧法。当同一机关就同一领域问题先后颁布两个以上法律时，后制定的法律效力高于先制定的法律。

（3）特别法优于普通法。当同一机关在某一领域既有一般立法，又有特殊立法时，特殊立法的效力优于一般立法。

2．法的效力范围

法的效力范围是指法律规范的约束力的生效范围或者适用范围，包括对象效力范围、空间效力范围和时间效力范围。

（1）对象效力范围。

法的对象效力范围也叫法对人的效力，指法对谁有效，通常包括以下几种原则：

①属地主义，即一国法对处于其管辖范围内的所有人都有约束力，不管是本国人还是外国人或无国籍人。

②属人主义，即根据国籍确定法的效力，不论其在国内还是国外都受本国法律约束。

③保护主义，如果任何人侵害了本国或者本国公民利益，不论侵害行为的实施人的国籍或者侵害行为是否发生在本国境内，都要受本国法律追究。

④结合主义，即在确定法的效力时，以属地主义为基础，结合属人主义和保护主义。我国采用这一原则，以加强对本国和本国公民利益的保护。

相关案例

2020年6月13日，广州市中级人民法院宣布了对澳大利亚男子卡姆·吉莱斯比的判决。除判处死刑外，法院还下令没收了吉莱斯比的全部个人财产。2013年，吉莱斯比在广州白云国际机场登上一架国际航班时，由于行李中藏匿7.5公斤[①]冰毒而被捕。6月14日，澳大利亚贸易部部长伯明翰在接受媒体采访时表示："这对所有澳大利亚人是一个警醒……澳大利亚的法律不适用于海外，其他国家的惩罚措施要比澳大利亚严厉得多，尤其是在贩毒这个问题上。"

---

① 1公斤=1 000克。

（2）空间效力范围。

有的法在全国范围内有效，既包括主权范围内的全部领陆、领水、领空，也包括驻外使馆和在境外的飞行器和船舶。有的法在一定区域内有效，如地方性法规和自治法规，还有全国人大制定的关于特别行政区、经济特区的法律。

（3）时间效力范围。

时间效力范围是指法何时开始生效、何时终止生效和有无溯及力的问题。法律开始生效的时间通常有自法律颁布之日起生效和法律通过并颁布后经过一段时间再开始生效两种情况。法律终止生效通常有明示废止和默示废止两种情况，前者是在新法或者其他法律中明文规定终止旧法，后者没有明文规定，但在实践中因新法与旧法冲突而采用新法。

法的溯及力是指新法律可否适用于其生效以前发生的事件和行为的问题，如可以就是有溯及力，不可以就是没有溯及力。我国法律对于溯及力问题采取"从旧兼从轻"原则，即原则上，新法没有溯及力。

知识链接

经过新中国成立以来特别是改革开放历史新时期以来的不懈努力，当代中国的立法事业取得了巨大成就。2011年3月召开的十一届全国人大四次会议郑重宣布中国特色社会主义法律体系已经如期形成。党的十八大以来，我国大力推进立法，制定了一批新的法律，修改了大部分法律，使中国特色社会主义法律体系更加完善，截止2023年6月，我国现行有效的法律共计297件。党的十九大基于新时代我国社会主要矛盾的新变化，对开启全面推进法治中国新征程、实现中国法治现代化作出了战略安排，确定了建成法治中国、实现国家治理现代化的两步走的路线图和时间表，即从2020年到2035年，在全面建成小康社会的基础上，再奋斗15年，基本实现社会主义现代化，在这一过程中，"法治国家、法治政府、法治社会基本建成，各方面制度更加完善，国家治理体系和治理能力现代化基本实现"；从2035年到本世纪中叶，在基本实现现代化的基础上，再奋斗15年，把我国建成富强民主文明和谐美丽的社会主义现代化强国，在这一过程中，包括法治文明在内的政治文明将全面提升，"实现国家治理体系和治理能力现代化"。

习近平总书记在党的二十大报告中提出全面依法治国是国家治理的一场深刻革命，关系党执政兴国，关系人民幸福安康，关系党和国家长治久安。必须更好发挥法治固根本、稳预期、利长远的保障作用，在法治轨道上全面建设社会主义现代化国家。

练一练

1. 全国人大常委会制定的规范性法律文件称为（　　）。
   A．宪法　　　　　　　　　　　　B．法律
   C．行政法规　　　　　　　　　　D．地方性法规

2. 法律溯及力是指法律颁布后（　　）是否适用，如果适用，就有溯及力，如果不适用，就无溯及力。
   A．对其生效以后发生的事情　　　B．对其生效以前发生的事件和行为
   C．对其生效以后的行为　　　　　D．对其生效以后发生的事件和行为

第三节　法律关系

知识目标

要求了解法律关系的概念，掌握法律关系的要素；理解权利与义务之间的关系。

思维导图

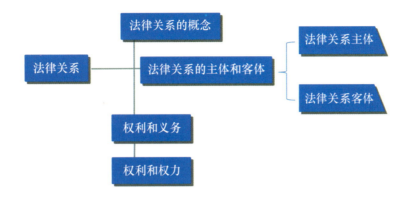

一、法律关系的概念

法律关系是指法律在调整人们行为的过程中形成的特殊的权利和义务关系,是以法律上的权利、义务为纽带而形成的社会关系。

社会关系是人们在共同的物质和精神活动过程中所结成的相互关系,即人与人之间的一切关系,包括个人之间的关系、个人与群体之间的关系、个人与国家之间的关系;一般还包括群体与群体之间的关系、群体与国家之间的关系。法律关系是一种特殊的社会关系,如果法律不对某一领域的社会关系进行调整,人们之间就不形成法律关系,比如同学、同事之间有情感的亲疏远近,但法律一般不调整这种社会关系,可是如果双方有了债权债务关系,或者缔结婚姻关系,那就有了相应的法律进行调整,就形成了法律关系。

法律关系是合法的社会关系,在社会生活中,往往存在一些事实关系,如赌博、走私、未经认可的收养、无效的合同等,这些都不是法律关系。法律关系分析法是案例分析的基本方法,案件的处理过程就是厘清法律关系的过程。

二、法律关系的主体和客体

1. 法律关系主体

法律关系主体是指参与法律关系并在其中享有权利和承担义务的人,在这里,"人"是广义的概念,包括自然人和法人,也可以是非法人组织。在法律关系中,享有权利的

一方被称为权利人,承担义务的一方被称为义务人。

在我国,根据各种法律规定,能够参与法律关系的主体主要包括以下几种:

(1) 自然人。

自然人是指具有生命并具有法律人格的个人,包括本国公民、外国人和无国籍人。人工智能机器人,无论其智能如何发达,都不能成为法律关系主体,只能是法律关系客体。

(2) 机构和组织(法人或非法人单位)。

机构和组织(法人或非法人单位)主要包括国家机关、企事业单位、各政党和社会团体。这些机构和组织根据自身的特点和性质,可以参加各种类型的法律关系,并成为其中享有权利和承担义务的主体。比如工商机关在执法检查中参与的是行政法律关系,企业在采购过程中参与的是民事法律关系。

(3) 国家。

国家既是国际法律关系的主体,如以国家名义签订国际条约,也是国内法律关系的主体,如发行国债。在大多数情况下,国家是由国家机关或者法律法规授权的组织作为代表参与法律关系的,如工商机关代表国家行使执法检查的权力,对工商企业进行行政管理,参与行政法律关系。

阅读与思考

随着科学技术突飞猛进的发展,无人驾驶汽车作为汽车技术智能发展的前沿,其研发成果受到人们的普遍关注,然而,无人驾驶汽车在带给人们便捷的同时,其面临的风险也随之产生。现有的交通事故责任按照侵权责任法、道路交通安全法的规定,实行的是过错责任制度,通常事故发生后报警,交警认定事故责任,保险公司定损,按照交强险→机动车商业险→侵权人顺序予以赔偿,其中交强险满额赔偿,机动车商业险及侵权人按照过错比例予以赔偿,当车主与驾驶员不一致时,还会考虑车主相对于驾驶员过错的过错而可能判令承担连带责任的问题。这是以驾驶员是自然人为基本伦理和法理基础的。一旦进入对自动驾驶的事故责任判定,就涉及车辆所有人、车辆生产者、车辆经销商、车辆驾驶员、保险公司等多方主体,传统的过错判定原则将无法直接适用,而可能会出现多种不同归责原则的法律选择或同时适用的问题。

请思考:在传统有人驾驶车辆发生交通事故后,通常有哪些法律关系主体,参与了哪些法律关系？未来在无人驾驶技术普及之后，可能会发生什么样的变化？

2. 法律关系客体

法律关系的客体是指法律关系主体之间权利和义务所指向的对象，如买卖关系指向的对象是商品，保姆的雇佣关系指向的对象是家政服务行为。法律关系客体本质上是一定社会利益的法律表现，这些利益具有多种多样的形式，可以是物质的，也可以是非物质的；可以是有形的，也可以是无形的。法律关系客体的内容随着社会历史发展而不断变化，其范围和种类不断扩大。归纳起来，我国法律关系的客体主要有以下几类：

（1）物。

物是可以被人们控制和利用的有形物质财富，可以是天然物也可以是劳动产品。在我国，大部分物理意义上的物能够成为法律关系的客体，但是有四类物不能进入商品流通领域，不能成为私人法律关系的客体，它们分别是：①海洋、山川、水流、空气等人类公共物或国家专有物；②国家所有的文物；③军事设施和枪支弹药等武器；④毒品、假药、假币等危害人类、社会之物。

（2）行为。

作为客体的行为特指能满足债权人利益的行为。行为主要是债这一民事法律关系的客体，债权人只能就自己的利益请求债务人为给付，如交付物、完成工作，而不能对债务人的物或其他财产直接加以支配。

（3）人身。

人身是由各个器官、组织及其机能组成的整体。人身既是人的外在表现，又是精神利益的重要载体，人的身体受到伤害就会形成人身损害赔偿的法律关系。但必须注意的是，自然人是法律关系的主体，活人的整体不能作为买卖、租赁、抵押等法律关系的客体，贩卖人口等行为是法律所禁止的犯罪行为。

（4）智力成果。

智力成果是人们通过科学研究、文艺创作、表演等活动创造的非物质财富，比如发明创造、技术成果、商标、影视作品、音乐美术作品等，它们是专利权、商标权、著作权等权利的客体。

法律基础知识

阅读与思考

20世纪80年代，美国加利福尼亚州商人丹尼斯·霍普发现联合国在1967年制定的《外层空间条约》有漏洞：在这份外太空条约中，所有联合国成员都签署并同意外太空天体的主权不属于任何一个国家，但该条约没有明文规定私人不可以拥有外太空星体。于是丹尼斯·霍普向当地法院、美国、苏联和联合国递交了一份所有权声明，申明自己对月球、太阳系除地球外的八大行星及其卫星的所有权，并注册了正式的房产公司。在霍普的"月球大使馆"公司中，人们只要花上每英亩①19.99美元的低价，并加上每英亩1.51美元的"月球土地税"，就能从月球或火星等太阳系行星上购买一大块土地。当买主用数千美元的价格买下一大块月球地产后，霍普的公司还会颁发给他月球护照和月球地产证明书等。

河北石家庄人李捷于1997年从网上看到了美国人丹尼斯·霍普卖月球土地的消息，受到启发的他于2005年9月5日注册成立了"北京月球村航天科技有限公司"（以下简称"月球村公司"），媒体称为"月球大使馆"，并和丹尼斯·霍普取得联系，以每英亩2美元的价格，从丹尼斯·霍普处购买月球土地。2005年10月14日至28日，月球村公司向34名消费者出售月球土地49英亩，每英亩价格为298元，销售款共计1.4万余元。开盘三天后被北京市工商局叫停，并对月球村公司销售月球土地的行为展开调查。12月21日，北京市工商局做出罚款5万元、吊销营业执照，责令退还其所售月球土地销售款的行政处罚决定书。

请思考：月球或者其他外太空星体的土地能否成为交易的客体？你认为北京市工商局做出行政处罚的理由是什么？

法律名言

法者，天下之仪也。所以决疑而明是非也，百姓所县命也。

——管子（战国）《管子·禁藏》

---

① 1英亩≈4 046.86平方米。

三、权利和义务

任何法律关系都是在法律关系主体之间形成的权利和义务关系，所以，权利和义务就构成了法律关系的内容。法以权利义务机制调整人的行为和社会关系，权利和义务贯穿于法律现象逻辑联系的各个环节，贯穿于法的一切部门和法运行的全部过程。

> **想一想**
>
> 杭州图书馆对所有读者免费开放，因此也有乞丐和拾荒者进门。图书馆对他们唯一的要求是把手洗干净再读书。有读者无法接受，找到图书馆馆长褚树青投诉，说允许乞丐和拾荒者进图书馆，是对他们的不尊重。褚树青回应："我无权拒绝他们入内读书，但您有权利选择离开。"
>
> 根据上述事例，你认为权利是什么？

权利的英文是"Right"，与"正当、正义、正确"是同一个单词，这意味着权利具有正当性，权利人可以以自己的自由意志决定做或者不做一定事情，因为其正当性，这种自由，受到法律的保护。例如，一个人有一些苹果，即他对苹果享有所有权，他可以自己决定把苹果吃掉、送给朋友、制成苹果酱出售，甚至于什么都不做，让这些苹果腐烂，无论他怎样处理这些苹果，都是受法律保护的。

义务的目的是保障权利的实现，因此，通常义务是一种负担、服从，或是对一定法律结果的承受。例如，年满18周岁的男性公民有依法服兵役的义务，这是奉献甚至是牺牲，但目的是保卫祖国，保障人民安居乐业、幸福生活的权利。

权利和义务是法的核心内容，两者相互依存，是一种对立统一的关系。对每个主体来说，要享有权利就必须履行义务，履行义务也应当享有对应权利，就整个社会而言，若有一方行使权利，则必须有另一方履行义务。

知识链接

所谓权利，是指规定或隐含在法律规范之中，主体以相对自由的作为或者不作为的方式获得利益的手段。

法律基础知识

所谓义务，是指规定或隐含在法律规范之中，主体以相对被动的作为或者不作为的方式保障权利主体获得利益的一种约束手段。

阅读与思考

农业税始于春秋时期鲁国的"初税亩"，到汉初形成制度。这一古老的税种，已延续了2 600年。历史上，"皇粮国税"一直牵动着中国的兴衰。中华人民共和国成立以后，第一届全国人大常委会第九十六次会议于1958年6月3日颁布了农业税条例，农业税也一直是国家财力的重要支柱，为社会主义建设事业做出了巨大贡献。几十年来，农业税一直是国家财力的重要基石。据统计，1949—2000年，农民给国家缴纳了7 000多亿千克粮食。自2004年起，我国启动农村税费改革，开始逐渐减免农业税，发放良种补贴。自2006年1月1日起，全国正式免征农业税，让9亿农民彻底告别了缴纳农业税的历史。国家开始全面发放农村粮食补贴、农机补贴、良种补贴等。

请收集资料并思考：同样是农业生产，为什么中国农民负担了2 600年的农业税的义务可以取消，而且有权利领取粮食补贴？

四、权利和权力

权利是主体依法享有并受法律保护的利益范围或实施一定行为以实现某种利益的资格，是法律赋予人实现其利益的一种力量。

权力是一种广泛存在的社会现象，是人与人之间的一种特殊影响力，是一些人因为拥有资源或优势而具有的对另一些人进行支配或者影响的能力。在英语中，权力用"Power"表示，本质是一种力量。在社会生活中，权力往往是国家、政府和公共组织行使，所以通常也称为公权力。

在古代社会，君王利用劳动人民对自然力量的信仰和崇拜，把自己的意志假托为上天的命令，称之为"天命"，君主为了维护自己的统治，往往宣称自己是"天子"，声称权力来源于天神，"君权神授"。即使是农民起义，往往也要假借神的名义，比如我国清朝末年的太平天国运动。在古埃及的法老也自称为"太阳的儿子"，巴比伦的汉谟拉比王自称为"月神的后裔"。在中东各国，现在仍有人接受君权神授这一主张。

在现代文明社会，许多国家的法律中都明确宣示国家的权力来自公民的权利。权利是权力的本源，社会契约观念认为，人天然地享有人之所以为人的自然权利，人们为了摆脱自然状态的无序和混乱，把一部分自然权利让渡出来交给国家，这些权利与国家力量相结合就成为权力。在中国，宪法明确规定"中华人民共和国的一切权力属于人民"。不仅如此，权力的存在应当以保障权利为目的，通过立法权确认公民权利，通过执法权维持社会秩序和公共环境，通过司法权制裁违法犯罪，处理社会纠纷。

中国有几千年封建传统，普天之下莫非王土，率土之滨莫非王臣，百姓认同君王和代表君王的官员说了算，习惯于地方官员集"主政、赋税、审案、刑罚……"各种权力于一身，这种传统使公权力与私权利之间经常发生冲突，主要表现为公权力具有强烈的自我扩张性，对私权利造成了威胁并且常常会侵犯私权利。最极端的表现为"君要臣死，臣不得不死"，不仅如此，还要"谢主隆恩"。在现代社会，"权力导致腐败，绝对权力导致绝对腐败。"当公权力失去约束，偏离法律规范的轨道，就会将公权力逐渐变为自己的私有权力，变成为个别人或个别集团谋取私利的工具，变为损害公民权利的力量。

要平衡公权力与私权利，防止两者冲突，就要确定公权力与私权利之间的界限。要把权力关进制度的笼子里。对私权利来说，"法无禁止即可为"，在公权力的行使上确立"法无授权不可为，法有授权必须为，超越立法目的和法治精神的权力行使无效"的理念。作为一个公民，不但可以大胆地运用自己的权利，还可以勇敢地监督政府。对政府而言，不但要谨慎运用手中每一份权力，还必须尊重公民的每一份权利。

练一练

1. 如何理解"没有无义务的权利，也没有无权利的义务"这句话？

2. 为什么"要把权力关进制度的笼子里"?

第四节 法治国家

知识目标

要求了解依法治国的基本方略;理解全面推进依法治国的必要性和重要性,了解法治的基本要求。

思维导图

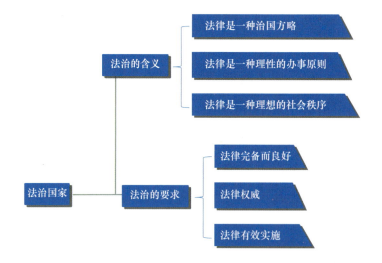

一、法治的含义

法治是一种源远流长的意识形态、治国方略和社会文化现象,"法治"观念最早出现在中国先秦诸子和古希腊哲学家的论述中,如《韩非子·心度》中提出"治民无常,唯以法治"的观点，"服从法律统治"是柏拉图法治观的核心。而法治思想的明确提出和首次阐述应该归功于亚里士多德，亚里士多德认为法治应该包含两层含义：一是法律获得普遍遵守；二是大家所服从的法律本身应该是良好的法律。近代英国资产阶级思想家约翰·洛克在他的《政府论》中提出，国家必须根据正式颁布过的、长期有效的法律来统治，而不能依靠临时的专断命令来进行统治。法国思想家孟德斯鸠系统地提出和论述了三权分立的学说，将近代各国法治理论推到了顶峰。

中国近代一百多年来追求法治的道路几经坎坷，法治进程本身多次被打断。将中华人民共和国成立到"文革"期间的中国法治状况，与改革开放后四十年的法治状况进行对照，不难看出，法治存在与否与中国社会能否稳定发展息息相关，人民期盼国家的治理走上正轨，特别是走上法治轨道。

1978年，党的十一届三中全会召开，提出为了保障人民民主，必须健全社会主义法制。1999年3月15日，第九届全国人民代表大会第二次会议通过《中华人民共和国宪法修正案》，把"中华人民共和国实行依法治国，建设社会主义法治国家"写入宪法。党的十五大把"依法治国，建设社会主义法治国家"确定为党领导人民治理国家的基本方略。党的十八届四中全会通过的《关于全面推进依法治国若干重大问题的决定》指出："全面推进依法治国，总目标是建设中国特色社会主义法治体系，建设社会主义法治国家。"2021年1月中共中央印发的《法治中国建设规划（2020—2025年）》指出法治是人类文明进步的重要标志，是治国理政的基本方式，是中国共产党和中国人民的不懈追求。法治兴则国兴，法治强则国强。

法治通常包含多层含义。

1. 法治是一种治国方略

作为治国方略，除了法治之外还有与之对立的"人治"，人治强调圣贤的智慧，法治与人治的对立表现在民主与专制、主权在民与主权在君。法治是众人之治（民主政治），人治是一人（少数人）之治，是君主专制，法治依据的是反映大众的法律，人治则依据领导人个人的意志，法治与人治的分界线在于当法律与当权者的个人意志发生冲突时，法律高于个人意志还是个人意志凌驾于法律之上。

法律名言

在民主的国家里,法律就是国王;在专制的国家里,国王就是法律。

——卡尔·马克思

2. 法治是一种理性的办事原则

法治在日常生活中表现为依法办事,法律为社会生活提供了行为准则,所有人在法律面前一律平等,无论地位高低,都遵循明规则。在人治社会,没有明规则,只有潜规则,所谓规则对于有权势的人是不起作用的,人们办事需要找熟人、拉关系、走后门,因此社会变成了弱肉强食的丛林。

3. 法治是一种理想的社会秩序

这种社会秩序是富强、民主、文明、和谐、自由、平等、公正的完美结合,既是法治的目标和结果,也是检验法治的指标。

全面推进依法治国,建设社会主义法治国家,是社会发展的必然产物,是社会主义社会的本质要求,也是在总结历史沉痛教训后的明智决策;是新时期培育和践行社会主义核心价值观的重要保证,因此是中国共产党领导全国人民把中国建成富强、民主、文明的社会主义现代化国家,实现中华民族伟大复兴中国梦的应有之义。

阅读与思考

苏格拉底之死

公元前399年,古希腊雅典,这座孕育了千年文明的城邦,发生了一场令人瞩目的人民审判,古希腊最伟大的哲学家苏格拉底被判处死刑。苏格拉底因主张无神论和言论自由,被雅典人抓住把柄,以不敬神和败坏青年两项罪名而被送上法庭。法庭从希腊市民中通过抓阄选出了501人组成陪审团,陪审团成员里有鞋匠、裁缝、不识字的游民。雅典民主政治的陪审员制度,判决的依据不是固定的法条,而是陪审员投票数量的多寨，开庭前，每个陪审员都分得两块小金属牌，一块铸着"无罪"，一块铸着"有罪"。经过法庭辩论和举证后，陪审员选择其中一块金属牌投入铜罐，第一轮投票以281票对220票的结果判决苏格拉底有罪。由于苏格拉底坚持自己非但无罪反而有功，一些原本同情他的陪审员最终也改变了主意，第二轮投票以360票对140票的结果判处苏格拉底死刑，苏格拉底最后被判处服毒自杀。根据雅典当时的法律，如果苏格拉底认罪，可以缴纳罚金或者选择放逐代替死刑，但苏格拉底拒绝了，他认为坚守良心和真理比生命还重要。当苏格拉底被判处有罪以后，他的亲友和弟子都劝他逃往国外避难，他的学生已经为他打通所有关节，可以让他从狱中逃走，并且劝说他，判他有罪是不正义的，然而苏格拉底选择了慷慨走向刑场，视死如归。临刑前，苏格拉府说：我是被国家判决有罪的，如果我逃走了，法律得不到遵守，就会失去它应有的效力和权威。当法律失去权威，正义也就不复存在。这不是悲剧的声音，这是一个智者在用生命诠释法律的真正含义——法律只有被遵守才有权威性。只有法律树立了权威，才能有国家秩序与社会正义的存在。所以当药剂师将毒药配好后，苏格拉底静静地接过杯子，当着弟子们的面从容服下，如饮一杯美酒。

两千多年后，历史学家评价这场审判：在西方文明史上，除了对耶稣的审判和处死决定之外，再没有任何审判和处死给人留下如此深刻的印象。苏格拉底的死对于西方法治文明的重大意义在于世俗之城需要有一部人人必须遵守的法律，在这个意义上，苏格拉底必须死，因为雅典的法律需要生，死亡对于苏格拉底来说，是信仰的成全和法治的升华。

法国画家雅克·大卫在1787年创作的油画《苏格拉底之死》如图1-2所示。

图1-2　法国画家雅克·大卫在1787年创作的油画《苏格拉底之死》

请思考：苏格拉底之死给了你怎样的启示？

二、法治的要求

党的十八大提出"科学立法、严格执法、公正司法、全民守法"。这十六字是中国新时期依法治国的"新十六字方针",也是法治中国建设的衡量标准。党的十九大报告指出,"全面依法治国是中国特色社会主义的本质要求和重要保障。党的二十大报告指出,我们要坚持走中国特色社会主义法治道路,建设中国特色社会主义法治体系、建设社会主义法治国家,围绕保障和促进社会公平正义,坚持依法治国、依法执政、依法行政共同推进,坚持法治国家、法治政府、法治社会一体建设,全面推进科学立法、严格执法、公正司法、全民守法,全面推进国家各方面工作法治化。可见,社会主义法治国家不是一个空泛的概念,而是具有丰富的实质内容,其基本要求主要表现在法律完备而良好、法律权威、法律有效实施等方面。

1. 法律完备而良好

关于法律完备,需要构建一个部门齐全的法律体系。"部门齐全"是指"凡是社会生活需要法律做出规范和调整的领域,都应该制定相应的法律、行政法规、地方性法规和各种规章,从而形成一张疏而不漏的法网,国家经济建设、政治建设、文化建设、社会建设以及生态文明建设的各个方面实现有法可依"。

关于法律良好,党的十八届四中全会强调,法律是治国之重器,良法是善治之前提。它所坚持的是"恶法非法"的正论,所反对的是"恶法亦法"的谬论。宪法肯定了主权在民的基本要求,社会主义法治国家所立之法必须体现全体人民的意志与利益,建立民主的政治体制,实现民主的法制化与法制的民主化。另外,法律良好还必须能够体现出对国家权力的制约与监督,在建设社会主义法治国家的过程中,同样要防范国家权力的滥用与腐败。

2. 法律权威

树立和维护法律权威,应当是我国实行依法治国、建设社会主义法治国家所必须遵循的基本准则。具体来看,法律权威主要体现在法律至上与法律信仰两个方面,前者可视为法律权威的外在权威要素或外在影响力,后者则为法律权威的内在权威要素或内在影响力。

（1）法律至上。

法律在整个社会规范体系中具有最高权威，任何社会活动都必须服从法律、遵守法律规定，不能超越法律；任何权力都必须受到法律的制约。具体来讲，在整个社会规范体系中，法律居于至上的地位，其他任何社会规范都不能否定法律的效力或与法律相冲突；所有社会成员都必须遵循法律，任何组织或个人都不能享有超越法律的特权；相对于任何公共权力而言，法律具有至上的地位，任何权力的拥有和行使都必须具有法律上的依据并服从法律的规则。要深刻认识法律至上的精髓所在，就必须意识到在法律至上的背后是宪法至上。

（2）法律信仰。

法律权威不仅体现为法律至上，更需要法律被信仰。法律信仰是形成法律权威的必要条件之一，只有被信仰的法律，才能取得真正的权威。强调法律信仰的重要性在当前社会主义法治国家建设中显得尤为必要，其突出的作用就在于可以从思想层面对那种信仰"权力"而不信仰"法律"的错误观念进行有效的纠正，以破除建设社会主义法治国家的思想阻碍。

3. 法律有效实施

党的十八届四中全会明确提出"法律的生命在于实施，法律的权威也在于实施。法律的有效实施是社会主义法治国家的重要标志"。具体来看，法律有效实施主要包括依法执政、依法行政、司法公正、公民守法四个方面。

（1）依法执政。

在民主政治和法治的条件下，政党活动方式法治化，不仅是现代民主政治的基本特征，也是现代政治文明的重要内容。中国共产党是我国居于执政地位的政党，是中国特色社会主义事业的领导核心，必然地要面对如何改革和完善党的领导方式和执政方式这一重大课题。依法执政是党领导下的社会主义法治国家建设的内在需求，各级党组织和全体党员要带头尊法学法守法用法，任何组织和个人都不得有超越宪法法律的特权，绝不允许以言代法、以权压法、逐利违法、徇私枉法。

（2）依法行政。

依法行政是针对政府而言的，而政府能否做到依法行政将直接决定法律能否得到有效的实施，甚至将决定社会主义法治国家建设能否顺利推进。这是因为，在现代国家中，一方面，行政承担着比立法、司法更加普遍、更加日常性的管理事务，且行政活动的每个领域、每个方面都事关国家民生和社会经济、政治、文化的发展；另一方面，行政权力在现代社会中呈现出普遍的扩张趋势，行政权力越来越大，若政府不能坚持依法行政的基本原则，则行政权力的扩张、越位、滥用、腐败等违法行政的现象将层出不穷，建成社会主义法治国家的目标将会受到很大影响。

孙志刚收容致死案

孙志刚，男，湖北人，2001年毕业于武汉科技学院，事发时27岁，刚应聘成为广州某公司的一名平面设计师。2003年3月17日，因为刚来广州，还没办理暂住证，他出门时也没随身携带身份证。走到天河区黄村大街上时，孙志刚突然被广州市公安局天河区公安分局黄村街派出所的警察拦住了去路。

3月18日凌晨2时左右，孙志刚被送到天河公安分局收容待遣所。3月19日晚至20日凌晨遭到被收容人员的暴打，休克死亡。

孙志刚之死引起全国范围内对于收容遣送制度的愤怒声讨。2003年5月14日，三名法学博士向全国人大常委会递交了一份审查《城市流浪乞讨人员收容遣送办法》的建议书，认为收容遣送办法中限制公民人身自由的规定，与宪法和相关法律相抵触，应予以撤销。2003年6月20日，国务院总理温家宝签署国务院令，公布施行《城市生活无着的流浪乞讨人员救助管理办法》（以下简称"新办法"），随后废除实施了21年的《城市流浪乞讨人员收容遣送办法》。新办法提出自愿救助原则，取消了强制执行手段。孙志刚事件终结了在中国存在了20多年的收容遣送制度，是推动中国民主法治进程、完善我国人权保障立法的重要案件。

（3）司法公正。

法律的有效实施体现在司法层面的突出特征必然是司法公正。公正是司法的天然追求与职责，也是对司法最本质的要求，公正是法治的生命线。司法公正对社会公正具有重要引领作用，司法不公对社会公正具有致命破坏作用。司法公正的基本内涵就是指要在司法活动的过程与结果中坚持和体现公平正义的原则。

法律名言

一次不公正裁判的罪恶甚于十次犯罪,因为犯罪污染的只是水流,而枉法裁判污染的却是水源。

——培根

(4) 公民守法。

守法是法律实施最重要的基本要求,也是法律实施最普遍的基本方式。就守法的内容而言,包含了履行法律义务与行使法律权利两方面,这是对守法的一种广义理解,为的是增强人们的守法积极性、自觉性以及促进法的全面实现,两者共同构成了守法的基本内容。法律不保护权利上的睡眠者,守法不仅是不做违法行为,履行法律义务,还包括积极主张和行使权利。

练一练

1. 中国新时期依法治国的"新十六字方针"是什么?

2. 某市是全国文明卫生城市,但是城市里的一些小商贩占道经营给城市市容带来了负面影响,该市城管部门多次治理整顿效果却不明显,个别小贩态度蛮横、屡教不改,给城市管理带来麻烦,一位城管队员说:"对待这些人就不能太客气,不给他们点颜色看看,就不知道我们的厉害,下次抓住,没收他们的东西,砸烂他们的车,折断他们的秤,把他们关起来,看他们还敢不敢!"其他队员也随声附和表示赞同。

如果你是城管队长,你对这种意见如何评价?说说你的理由。

第二章 宪 法

第一节 宪法概述

知识目标

了解宪法特征，掌握宪法确立的原则；理解宪法既是公民的生活规范，也是人权的根本保障书。

思维导图

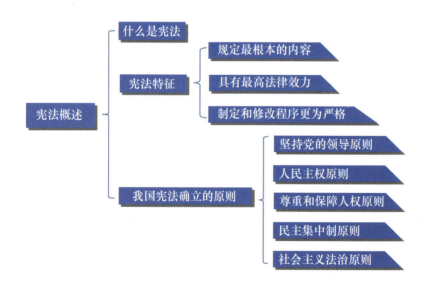

知识链接

1953年1月1日,《人民日报》头版发表元旦社论,提出把"召集全国人民代表大会,通过宪法,通过国家建设计划"列为1953年的三项伟大任务之一。当时,在新中国成立前夕制定的《共同纲领》一直起着临时宪法的作用,中国人民政治协商会议第一届全体会议执行着全国人民代表大会的职权。新中国成立后,通过制定一部新宪法确认已经取得的经验与成果,巩固革命的胜利成果,是全国人民的共同愿望。

1953年12月24日下午3点多钟,一辆专列缓缓地驶进了北京前门火车站。毛泽东要离开北京,前往浙江杭州,带着宪法起草小组的成员开始做一项为新中国法制建设奠基的大事,起草中华人民共和国宪法。早在一年前,全国政协常委通过了周恩来关于起草宪法的决议报告。毛泽东亲自挂帅,担任宪法起草委员会主任,主持宪法起草工作。为了起草宪法,毛泽东和起草小组成员广泛阅读和研究了世界各类宪法。宪法起草工作进展得比较顺利。从1954年1月9日开始到2月17日左右草案初稿出来了,2月24日完成"二读稿",26日完成"三读稿"。当年全国政协、各地方、各民主党派、人民团体和武装部队等组织了各方面人士8 000多人参加宪法草案(初稿)的讨论,提出修改意见5 900多条。

6月14日,毛泽东主持召开中央人民政府委员会第三十次会议,一致通过了《中华人民共和国宪法草案》和《关于公布中华人民共和国宪法草案的决议》。

6月16日,《人民日报》刊登了宪法草案全文,并发表了在全国人民中广泛展开讨论宪法草案的社论。一场全民大讨论以最快的速度在全国范围内展开。此后在两个多月的时间里,全国各界共有1.5亿多人参加了宪法草案的讨论,他们热烈拥护,又提出110多万条修改或补充意见。讨论中提出的意见,都由各地党政领导部门及时上报中央。经过全国性大讨论,宪法草案又作了一些重要修改。

1954年9月15日下午3时,中华人民共和国第一届全国人民代表大会第一次会议在北京中南海怀仁堂隆重开幕。刘少奇受中华人民共和国宪法起草委员会的委托作了《关于中华人民共和国宪法草案的报告》。

9月20日,《中华人民共和国宪法》在会上被庄严全票通过,因其在1954年颁布,史称"五四宪法"。

思考一下,这个当时刚成立不久的国家,为何要定立宪法?宪法为何物?宪法在

公民生活中扮演了什么角色？

资料来源：姚申.新中国第一部宪法诞生记[EB/OL].(2017-8)[2020-7-13]http://dangshi.people.com.cn/n1/2020/0713/c85037-31780382.html

一、什么是宪法

《中华人民共和国宪法》（图2-1）规定："一切法律、行政法规和地方性法规都不得同宪法相抵触。""一切国家机关和武装力量，各政党和各社会团体，各企业事业组织都必须遵守宪法和法律。一切违反宪法和法律的行为，必须予以追究。""任何组织和个人都不得有超越宪法和法律的特权。"

依据宪法的规定，中国制定了刑法、行政法、民法典、立法法、香港特别行政区基本法、教育法等法律。

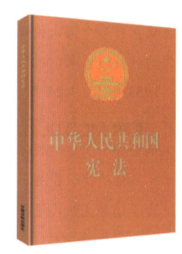

图2-1 《中华人民共和国宪法》

结合上述规定和事实可知，"宪法是国家的根本法"。

中国第一部带有"宪法"字样的法律文件，是清朝末年形成的《钦定宪法大纲》。中华人民共和国成立前夕召开的中国人民政治协商会议第一届全体会议通过的《中国人民政治协商会议共同纲领》于1949年9月29日颁布，具有临时宪法的作用。中华人民共和国成立以来，先后于1954年、1975年、1978年和1982年颁布了四部宪法，中国现行宪法是1982年颁布的《中华人民共和国宪法》并历经了1988年、1993年、1999年、2004年、2018年五次修订。

法律名言

全面贯彻实施宪法，是建设社会主义法治国家的首要任务和基础性工作。

——习近平

二、宪法特征

宪法是治国安邦的总章程，是一切法律之母，人们称宪法是"母法"。《中华人民共和国宪法》是我国的根本大法。

宪法是国家的根本法，主要体现在三个方面。

1. 宪法规定最根本的内容

宪法规定涉及国家生活中全局性、根本性的问题，包括国家性质和根本任务，国家制度、社会制度和其他制度，公民的基本权利和义务，国家机关的组织及职权，国家标志等集中体现了我国广大人民的根本意志和根本利益的问题。

2. 宪法具有最高的法律效力

宪法内容的特殊性决定了它具有最高的法律效力，其他任何法律法规都不能同宪法相抵触。

3. 宪法的制定和修改程序更为严格

《中华人民共和国宪法》第六十四条规定："宪法的修改，由全国人民代表大会常务委员会或者1/5以上的全国人民代表大会代表提议，并由全国人民代表大会以全体代表的2/3以上的多数通过。法律和其他议案由全国人民代表大会以全体代表的过半数通过。"

我国现行宪法是1982年12月4日第五届全国人民代表大会第五次会议通过的，已经进行了五次修改。2018年3月11日下午，第十三届全国人民代表大会第一次会议经过投票表决，高票通过了《中华人民共和国宪法修正案》。

作为国家的根本法，宪法具有最高的法律地位、法律权威、法律效力，是治国安邦的总章程，是保持国家统一、民族团结、经济发展、社会进步和长治久安的法律基础，是发展中国特色社会主义，把我国建设成为富强民主文明和谐美丽的社会主义现代化强国的根本法律保障。

青年学生要认真学习宪法，领会宪法精神，了解我国宪法规定的基本制度，自觉维护宪法权威。

三、我国宪法确立的原则

1．坚持党的领导原则

中国共产党是中国特色社会主义事业的领导核心，党的领导是人民当家作主的根本保证。中国共产党执政就是党领导、支持、保证人民当家作主，最广泛地动员和组织人民群众依法管理国家和社会事务，管理经济和文化事业，维护和实现最广大人民的根本利益。2018年《中华人民共和国宪法修正案》规定：中国共产党领导是中国特色社会主义最本质的特征。中国共产党的领导是历史的选择、人民的选择。此次做出进一步修改，是在原有的基础上对党的领导新的强化、深化和拓展，充分体现了中国共产党领导的根本性、全面性和时代性，具有重大的政治意义和法治意义。

2．人民主权原则

人民主权是指国家或政府的最高权力来源于和最终属于人民，即国家或政府的最高权力的"民有"，并且这种来源是政府或国家权力的合法化依据或前提。《中华人民共和国宪法》第二条规定："中华人民共和国的一切权力属于人民。人民行使国家权力的机关是全国人民代表大会和地方各级人民代表大会。人民依照法律规定，通过各种途径和形式，管理国家事务，管理经济和文化事业，管理社会事务。"人民当家作主是社会主义民主政治的本质和核心，我国宪法体现了人民主权原则。

3．尊重和保障人权原则

人权，是指在一定的社会历史条件下每个人按其本质和尊严享有或应该享有的基本权利。其本质特征和要求是自由和平等，实质内容和目标是人的生存和发展。尊重和保障人权是民主政治的基本要求，是社会政治文明的基本标志。人权原则入宪为人权法治化提供了宪政基础。我国宪法规定的公民基本权利，都是最重要的人权。

4．民主集中制原则

民主集中制是民主基础上的集中和集中指导下的民主相结合的制度，是集中全党全国人民集体智慧，实现科学决策、民主决策的基本原则和主要途径。我国宪法规定，中华人民共和国的国家机构实行民主集中制原则。国家权力统一由全国人民代表大会和地方各级人民代表大会行使，全国人民代表大会和地方各级人民代表大会由民主选举产生，对人民负责，受人民监督。广大人民的共同意志通过民主形式集中起来，并通过法定程序上升为国家意志。国家行政机关、审判机关、检察机关都由人民代表大会产生，对它负责、受它监督。在同级国家机构中，国家权力机关居于主导地位；在中央与地方国家机构的关系方面实行"中央和地方的国家机构职权的划分，遵循在中央的统一领导下，充分发挥地方的主动性、积极性的原则"。各国家机关在行使职权时实行个人负责制。

5. 社会主义法治原则

社会主义法治原则又称依法治国，其基本含义是依法办事，按照法律来治理国家，建立秩序，任何组织或个人均不得有法外特权。我国宪法明确规定，实行依法治国，建设社会主义法治国家。一切法律、行政法规和地方性法规都不得同宪法相抵触。一切国家机关和武装力量、各政党和各社会团体、各企业事业组织都必须遵守宪法和法律。一切违反宪法和其他法律的行为，必须予以追究。任何组织或者个人都不得有超越宪法和法律的特权。

练一练

1. 宪法的修改程序比普通法律更为严格，宪法的有效修改应由全国人民代表大会全体代表的（　　）以上的多数通过。

　　A．1/5　　　　　　B．1/2　　　　　　C．2/3　　　　　　D．3/4

2. 宪法以专章规定了公民所享有的广泛的权利和自由，包括平等权、政治权利和自由、人身自由和宗教信仰自由、社会经济权利、教育文化方面的权利等。这是我国宪法基本原则中（　　）的体现。

　　A．人民主权原则　　　　　　　　B．民主集中制原则

　　C．社会主义法治原则　　　　　　D．尊重和保障人权原则

第二节　我国的国家制度

知识目标

了解宪法规定的基本政治制度、基本经济制度、国家结构形式等国家基本知识。

思维导图

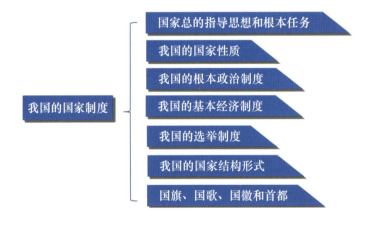

一、国家总的指导思想和根本任务

《中华人民共和国宪法》序言中明确规定:"我国将长期处于社会主义初级阶段。国家的根本任务是,沿着中国特色社会主义道路,集中力量进行社会主义现代化建设。中国各族人民将继续在中国共产党领导下,在马克思列宁主义、毛泽东思想、邓小平理论、'三个代表'重要思想、科学发展观、习近平新时代中国特色社会主义思想指引下,坚持人民民主专政,坚持社会主义道路,坚持改革开放,不断完善社会主义的各项制度,发展社会主义市场经济,发展社会主义民主,健全社会主义法治,贯彻新发展理念,自力更生,艰苦奋斗,逐步实现工业、农业、国防和科学技术的现代化,推动物质文明、政治文明、精神文明、社会文明、生态文明协调发展，把我国建设成为富强民主文明和谐美丽的社会主义现代化强国，实现中华民族伟大复兴。"这一规定明确了国家总的指导思想和根本任务。

二、我国的国家性质

人民民主专政是我国的国体。国体即国家性质，是国家的阶级本质，是社会各阶级在国家生活中的地位和作用。《中华人民共和国宪法》第一条规定："中华人民共和国是工人阶级领导的、以工农联盟为基础的人民民主专政的社会主义国家。"这一规定确立了我国的社会主义性质，确立了工人阶级在国家中的领导地位和以工农联盟为基础的广大农民的主人公地位。

三、我国的根本政治制度

人民代表大会制度是中国的根本政治制度。《中华人民共和国宪法》规定："中华人民共和国的一切权力属于人民。""人民行使国家权力的机关是全国人民代表大会和地方各级人民代表大会。"人民代表大会制度作为国家的根本政治制度，其基本内容是：全国人民代表大会和地方各级人民代表大会都由民主选举产生，对人民负责，受人民监督；人民代表大会是国家权力机关。国家行政机关、监察机关、审判机关、检察机关都由人民代表大会产生，对它负责，受它监督。在人民代表大会统一行使国家权力的前提下，各国家机关又分工协作，既避免权力过分集中，又可以使国家的各项工作有效进行；中央和地方的国家机构职权的划分，遵循在中央的统一领导下，充分发挥地方的主动性、积极性的原则。

四、我国的基本经济制度

生产资料的社会主义公有制，即全民所有制和劳动群众集体所有制，是中国社会主义经济制度的基础。国家在社会主义初级阶段坚持公有制为主体、多种所有制经济共同发展的基本经济制度，坚持按劳分配为主体、多种分配方式并存的分配制度。在法律规定范围内的个体经济、私营经济等非公有制经济，是社会主义市场经济的重要组成部分。

五、我国的选举制度

我国宪法规定了选举制度。依照《中华人民共和国全国人民代表大会和地方各级人民代表大会选举法》的规定，各级人会代表的选举遵循以下原则：

（1）选举权利的普遍原则。年满18周岁的中华人民共和国公民，依照法律被剥夺政治权利的人除外，都有选举权和被选举权。

（2）选举权利的平等原则。每个选民在一次选举中只有一次投票权，并规定划分选区时，按照本行政区域内各选区每一代表所代表的人口数大体相等的原则划分，以保障选民的平等权利。

（3）直接选举和间接选举相结合的原则。各级人民代表大会代表的选举，分别采取直接选举和间接选举两种不同的办法。不设区的市、市辖区、县、自治县、乡、民族乡、镇的人民代表大会的代表由下一级人民代表大会选举。

（4）无记名投票的原则。各级人民代表大会代表的选举，一律采用无记名投票的方法。

（5）差额选举的原则。选举各级人民代表大会代表，实行候选人名额多于应选代表名额的办法。

六、我国的国家结构形式

我国采取单一制国家结构形式。我国是统一的多民族国家，中华人民共和国各民族一律平等。各少数民族聚居的地方实行区域自治，设立自治机关，行使自治权。各民族自治的地方都是国家不可分离的部分。同时，《中华人民共和国宪法》第三十一条规定："国家在必要时得设立特别行政区。在特别行政区内实行的制度按照具体情况由全国人民代表大会以法律规定。"这一规定，表明了我国的国家结构形式是单一制，在中央统一领导下，实行民族区域自治；在国家主权统一的前提下，实行特别行政区制度，反映了我国各族人民建立统一国家的共同愿望。

七、国旗、国歌、国徽和首都

我国宪法规定了国旗、国歌、国徽和首都。我国宪法规定中华人民共和国国旗是五星红旗，《国旗法》规定：举行升旗仪式时，应当奏唱国歌。在国旗升起的过程中，在场人员应当面向国旗肃立，行注目礼或者按照规定要求敬礼，不得有损害国旗尊严的行为。中华人民共和国国歌是《义勇军进行曲》。中华人民共和国国徽，中间是五星照耀下的天安门，周围是谷穗和齿轮。中华人民共和国首都是北京。

相关案例

杨某改编国歌案

2018年10月13日，杨某在其住宅内直播时，篡改国歌曲谱，以嬉皮笑脸的方式表现国歌内容，并将国歌作为自己所谓"网络音乐会"的"开幕曲"。上海市公安局静安分局依法对杨某处以行政拘留5日。《中华人民共和国国歌法》第十五条规定，在公共场合故意篡改国歌歌词、曲谱，以歪曲、贬损方式奏唱国歌，或者以其他方式侮辱国歌的，由公安机关处以警告或者15日以下拘留；构成犯罪的，依法追究刑事责任。

练一练

1. 《中华人民共和国宪法》规定"中华人民共和国是工人阶级领导的、以工农联盟为基础的人民民主专政的社会主义国家"。这一规定确定了我国的（　　）。

    A．国体　　　　　B．政体　　　　　C．政党制度　　　　D．社会制度

2. 我国社会主义初级阶段实行公有制为主体、多种所有制经济共同发展的基本经济制度，其中作为社会主义经济主导力量的是（　　）。

    A．混合所有制经济　　　　　　　B．全民所有制经济

    C．个体经济和私营经济　　　　　D．劳动群众集体所有制经济

3. （　　）是中国特色社会主义最本质的特征。

    A．中国共产党的领导　　　　　　B．党的政治建设

    C．党的思想建设　　　　　　　　D．改革开放

4. 中华人民共和国的一切权力属于（　　）。

    A．公民　　　　　B．人民　　　　　C．政府　　　　　D．农民

5. 中华人民共和国实行（　　），建设社会主义法治国家。

A. 依法治国　　　　　　　　　B. 人民代表大会制度

C. 民主集中制　　　　　　　　　D. 以德治国

第三节　我国公民的基本权利和义务

知识目标

了解宪法对公民基本权利和基本义务的规定，增强公民意识，坚持公民权利和义务的统一。

思维导图

法律名言

宪法，就是一张写着人民权利的纸。

——列宁

在我国，公民的基本权利和基本义务是宪法的核心内容，宪法是每个公民享有权利、履行义务的根本保证。公民的基本权利和基本义务共同反映和决定着公民在国家的政治与法律地位，并构成普通法律规定公民权利和义务的基础与原则。

一、公民的基本权利

人民当家作主，即人民主权，按法律精神而言，权力是为实现权利而由权利派生的。公民权利在宪法中的至上性正是权力合法性和正当性的依据和根本。当然，公民权利的天赋性和至上性决定其为宪政理论的出发点和归宿点，它是宪法制定和实施的终极目的。

公民权利是社会成员的个体自主和自由在法律上的反映，享有权利是社会成员实现个体自主和自由的具体表现。《中华人民共和国宪法》对公民的基本权利作了全面规定，为保护人权奠定了坚实的基础。

1. 平等权

《中华人民共和国宪法》第三十三条规定，中华人民共和国公民在法律面前一律平等。任何公民享有宪法和法律规定的权利，同时必须履行宪法和法律规定的义务。平等权是我国宪法赋予公民的一项基本权利，是公民实现其他权利的前提与基础。

> **想一想**
>
> 某公司招聘项目经理，经过严格的初试、笔试和面试，林小姐排名第一、张先生排名第二，但是最终被录取的人是张先生。林小姐找到公司负责人讨要说法，负责人则称此项目经理职位男性优先，林小姐不能接受此说法，认为该公司侵犯了其就业平等权，存在就业性别歧视（图2-2）。
>
>
>
> 图 2-2　就业性别歧视
>
> 想一想：该公司所称"男性优先"是否合法？

2. 政治权利和自由

政治权利和自由是指依据宪法和法律的规定，公民依法享有的参加国家政治生活的权利和自由。宪法规定的公民的政治权利和自由有如下几方面：

（1）选举权和被选举权。

《宪法》第三十四条规定："中华人民共和国年满18周岁的公民，不分民族、种族、性别、职业、家庭出身、宗教信仰、教育程度、财产状况、居住期限，都有选举权和被选举权；但是按照法律被剥夺政治权利的人除外。"

> **想一想**
>
> 某村开始村委会选举，拟推选以下四位村民为村委会主任候选人。根据我国宪法和法律，下列四位村民中不可以被推荐为村委会主任候选人的是（　　　）。
>
> A．张三，刚过完16岁生日，初中毕业后回家务农，田里地里都是一把好手，可其父亲老张向来有小偷小摸的毛病，曾偷了吕家的一头驴被公安机关处罚
>
> B．李四，23岁，为人忠厚，爱好书法，博学广闻，但跟着他爷爷学了一些占卜、算卦之类的"技术"
>
> C．潘五，现任村妇女主任，热情大方，精明能干。只是经常与那些年轻后生嘻嘻哈哈，其丈夫死后，她与比自己小好几岁的小伙子周小满谈恋爱，被老辈人说成有伤风化
>
> D．王六，原为村里的民办教师，因犯罪被判有期徒刑3年。在服刑期间，他学会了多种果树栽培技术和特种养殖技术。提前释放回来后便搞起特种养殖和果园开发
>
> 分析：根据《中华人民共和国宪法》第三十四条和《中华人民共和国村民委员会组织法》第十二条规定，享有选举权利的村民就可以被推荐为村委会主任候选人。A选项的张三不满18周岁，依法不享有选举权利，因此不能被推荐为村委会主任候选人。《中华人民共和国宪法》第三十四条规定，中华人民共和国年满18周岁的公民，不分民族、种族、性别、职业、家庭出身、宗教信仰、教育程度、财产状况、居住期限，都有选举权和被选举权；但是依照法律被剥夺政治权利的人除外。B选项李四搞封建迷信但不影响被选举权，C选项潘五属于恋爱自由，D选项王六尽管犯过罪，但没有被剥夺政治权利，仍享有选举权利，可以被推荐为村委会主任候选人。

（2）政治自由。

政治自由是指公民表达自己政治意愿的自由。根据《中华人民共和国宪法》第三十五条的规定："中华人民共和国公民有言论、出版、集会、结社、游行、示威的自由。"这是公民表达个人见解和意愿、进行正常的社会活动、参与国家管理的一项基本权利。

知识链接

言论自由是指公民依据宪法享有的通过语言方式表达自己的思想见解或者其他意思的自由。言论自由不是绝对的。在我国，公民的言论自由也要受到法律的必要约束，从刑法和民法有关规定来看，这种约束主要是：不得利用言论自由煽动和颠覆政府，危害公共安全和社会秩序；不得利用言论自由对他人进行侮辱和诽谤；不得利用言论自由侵犯他人的隐私权；不得利用言论自由宣扬淫秽，教唆犯罪；不得利用言论自由干预正常的司法活动；不得利用言论自由泄露国家秘密等。

图2-3 《中华人民共和国集会游行示威法》

集会、游行、示威是公民以和平手段表达自己意愿的方式之一。目前，我国已制定了《中华人民共和国集会游行示威法》（图2-3），对公民集会、游行、示威的申请和许可的含义，集会、游行、示威的申请许可程序、举行程序以及法律责任都做出规定。根据这部法律的规定，公民在行使集会、游行、示威的权利的时候，必须遵守宪法和法律，不得反对宪法所确定的基本原则，不得损害国家的、社会的、集体的利益和其他公民合法的自由和权利。这部法律还规定，集会、游行、示威应当和平地进行，不得携带武器、管制刀具和爆炸物，不得使用暴力或煽动使用暴力。

（3）监督权和取得国家赔偿权。

《中华人民共和国宪法》第四十一条规定："中华人民共和国公民对于任何国家机关和国家工作人员，有提出批评和建议的权利；对于任何国家机关和国家工作人员的违法失职行为，有向国家机关提出申诉、控告或者检举的权利，但是不得捏造或歪曲事实

进行诬告陷害。"

由于国家机关和国家工作人员侵犯公民权利而受到损失的人，有依照法律规定取得赔偿的权利。

相关案例

呼格吉勒图案与国家赔偿请求权

1996年4月9日，在呼和浩特第一毛纺厂家属区公共厕所内，一女子被强奸杀害（4·9毛纺厂女厕女尸案）。公安机关认定报案人呼格吉勒图是凶手。5月23日，呼格吉勒图被判死刑，剥夺政治权利终身。呼格吉勒图不服，提出上诉。6月5日，内蒙古自治区高级人民法院驳回上诉，维持原判。1996年6月10日，呼格吉勒图被执行死刑。

2005年10月23日，赵志红承认在呼和浩特第一毛纺厂家属区公共厕所内杀害了一名女性。2006年，内蒙古司法机构组织了专门的调查组复核此案。2007年1月1日，赵志红的死刑被临时叫停。

2014年11月20日，呼格吉勒图案进入再审程序。12月15日，内蒙古自治区高级人民法院做出再审判决，宣告原审被告人呼格吉勒图无罪，之后启动追责程序和国家赔偿。12月30日，内蒙古高院依法做出国家赔偿决定，决定支付呼格吉勒图父母李三仁、尚爱云国家赔偿金共计2 059 621.40元。

3. 宗教信仰自由

公民的宗教信仰自由主要包括以下几个方面：第一，每个公民都有按照自己的意愿信仰宗教的自由，也有不信仰宗教的自由；第二，有信仰这种宗教的自由，也有信仰那种宗教的自由；第三，在同一宗教里，有信仰这个教派的自由，也有信仰那个教派的自由；第四，有过去不信教现在信教的自由，也有过去信教现在不信教的自由。

我国宪法保护正常的宗教活动，但是，任何人不得利用宗教进行破坏社会秩序、损害公民身体健康、妨碍国家教育制度的活动。宗教团体和宗教事务不受外国势力的支配。

4. 人身自由

人身自由是公民的一项十分重要的权利和自由，是公民行使其他一切权利和自由的前提和基础。

（1）人身自由不受侵犯。《中华人民共和国宪法》第三十七条规定，公民的人身自由不受侵犯。任何公民，非经人民检察院批准或决定或人民法院决定，并由公安机关执行，不受逮捕。禁止非法拘禁和以其他方法非法剥夺或限制公民的人身自由，禁止非法搜查公民的身体。

（2）公民的人格尊严不受侵犯。人格尊严不受侵犯，是做人的一个基本条件，也是社会文明进步的一个标志。《中华人民共和国宪法》第三十八条规定："中华人民共和国公民的人格尊严不受侵犯。禁止用任何方法对公民进行侮辱、诽谤和诬告陷害。"

（3）公民的住宅不受侵犯。禁止非法搜查或非法侵入公民的住宅。公民住宅不受侵犯，包括三个方面的含义：①公民的住宅不得随意进入；②公民的住宅不得随意搜查；③公民的住宅不得随意查封。公安机关、检察机关为了收集犯罪证据，查获犯罪人，侦查人员需要对被告人以及可能隐藏罪犯或者犯罪证据的人的身体、物品、住所和其他有关的地方进行搜查时，必须严格依照法律的程序进行。

（4）公民的通信自由和通信秘密受法律的保护。《中华人民共和国宪法》规定："除因国家安全或追查刑事犯罪的需要，由公安机关或检察机关依照法律规定的程序对通信进行检查外，任何组织或个人不得以任何理由侵犯公民的通信自由和通信秘密。"

> **想一想**
>
> 李某在某高校做收发工作，他利用工作之便隐匿、毁弃和开拆他人信件数百封，由此造成多人与学校的联系中断，影响了工作和学习，而且他还在同学中间传播扩散部分信件中的隐私内容，造成不良后果。
>
> 想一想：李某的行为是否违反了宪法的规定？李某的行为侵犯了公民的什么权利？

5. 社会经济权

公民的经济权利是公民在社会生活中享有的经济物质利益方面的权利，是公民实现其他基本权利的物质保障。根据我国宪法规定，公民的社会经济权包括如下几方面：

（1）财产权。公民的合法的私有财产不受侵犯，国家依照法律规定保护公民的私有财产和继承权。

（2）劳动权。劳动的权利是指有劳动能力的公民有获得社会工作的资格。它包括三部分内容：一是公民有按照自己的劳动能力获得劳动的机会；二是公民在劳动中有获得适当劳动条件的权利；三是公民享有根据劳动数量和质量取得劳动报酬和其他劳动所得的权利。《中华人民共和国宪法》第四十二条规定："中华人民共和国公民有劳动的权利和义务。国家通过各种途径，创造劳动就业条件，加强劳动保护，改善劳动条件，并在发展生产的基础上，提高劳动报酬和福利待遇。劳动是一切有劳动能力的公民的光荣职责。"劳动既是公民的权利，也是公民的光荣义务。

（3）休息权（图2-4）。劳动者的休息权是指为了提高劳动效率，保障劳动者的生活和健康，根据有关法律和制度的规定，劳动者所享有的休息和休养的权利。《中华人民共和国宪法》第四十三条规定："中华人民共和国劳动者有休息的权利。国家发展劳动者休息和休养的设施，规定职工的工作时间和休假制度。"在我国，劳动者的休息权主要是通过国家规定的工作时间和休假制度予以实现的。

图2-4　休息权

（4）物质帮助权。公民因特定原因不能通过正当途径获得必要的物质生活手段时，从国家和社会获得生活保障，享受社会福利的一种权利。《中华人民共和国宪法》规定："国家依照法律规定实行企业事业组织的职工和国家机关工作人员的退休制度，退休人员的生活受到国家和社会的保障。公民在年老、疾病或者丧失劳动能力的情况下，有从国家和社会获得物质帮助的权利，国家发展为公民享受这些权利所需要的社会保险、社会救济和医疗卫生事业。"

6．文化教育权

根据《中华人民共和国宪法》的规定，公民的文化教育权利包括受教育的权利和义务，进行科学研究、文学艺术创作和其他文化活动的自由。

公民有受教育的权利（图2-5）。受教育的权利是指公民有从国家获得接受教育的机会以及接受教育的物质帮助的权利。宪法对国家关心青少年的成长问题做出规定。青少年和儿童是祖国的未来，幼儿教育、小学教育、中学教育和大学教育是青少年儿童成长的关键阶段。在每个阶段，国家都确立对他们的培养方针和目标，使青少年、儿童在品德、智力、体质等方面全面发展，成为有社会主义觉悟、掌握科学文化知识、身体健康的社会主义公民。

图2-5　受教育权

《中华人民共和国宪法》第四十七条规定："中华人民共和国公民有进行科学研究、文学艺术创作和其他文化活动的自由。"科学文化活动是经济发展和社会进步的动力。我国是社会主义国家，科学文化活动是社会主义精神文明的重要内容，是推动社会主义物质文明建设的强大动力。为促进科学文化的繁荣和发展，广大公民应当享有广泛的科学文化活动的自由和权利。国家对开展的科学文化活动自由也应当给予支持和帮助。

7. 特定主体的权利

《中华人民共和国宪法》第四十八、四十九、五十条规定："中华人民共和国妇女在政治的、经济的、文化的、社会的和家庭的生活等各方面享有同男子平等的权利。婚姻、家庭、母亲和儿童受国家的保护。中华人民共和国保护华侨的正当的权利和利益，保护归侨和侨眷的合法的权利和利益。"

公民享受广泛的人权和自由，同时，公民在行使基本自由和权利的时候，不得损害国家的、社会的、集体的利益和其他公民的合法的自由和权利。我国宪法规定，公民也要履行维护国家统一和民族团结，维护祖国的安全、荣誉和利益，依照法律服兵役，依照法律纳税的基本义务。

二、公民的基本义务

- 结合图2-6，说说它们反映了我国公民应依法履行哪些基本义务。
- 查一查：宪法对我国公民的基本义务有哪些规定？

图 2-6　公民的基本义务

我国宪法在规定了公民享有广泛权利的同时，也规定了公民必须履行的义务。公民的义务是宪法和法律规定的公民必须履行的某种责任。宪法规定我国公民必须履行的义务包括如下几方面：

（1）公民必须履行政治性义务，包括维护国家统一和各民族团结；遵纪守法和尊重社会公德；维护祖国安全、荣誉和利益；依照法律服兵役和参加民兵组织。

（2）公民必须履行依法纳税的义务。

（3）公民必须履行的其他义务，包括公民有劳动、受教育的义务；夫妻双方有实行计划生育的义务；父母有抚养教育未成年子女的义务，成年子女有赡养扶助父母的义务等。

自觉履行公民义务，要求我们树立依法履行义务的观念，做到凡是我国法律所提倡和鼓励的行为，我们都要积极去做；凡是法律对公民提出具体要求的，就必须去做；凡是法律所禁止的行为，我们就坚决不做。

练一练

1. 下列不属于我国宪法规定的公民的基本权利的是（　　）。

   A．债权　　　　　　　　　　B．平等权

   C．出版自由　　　　　　　　D．受教育权

2. 凡具有中华人民共和国国籍的人都是中华人民共和国（　　）。

   A．人民　　　　　　　　　　B．居民

   C．公民　　　　　　　　　　D．国民

3. 我国公民有受教育的（　　）。

   A．权利　　　　　　　　　　B．义务

   C．权力　　　　　　　　　　D．权利和义务

4. 我国宪法不允许任何公民只享有权利不履行义务的现象存在，也不允许任何公民只履行义务而不享有权利的现象发生，这体现了（　　）。

   A．公民权利和义务的平等性　　B．公民权利和义务的广泛性

   C．公平权利和义务的现实性　　D．公民权利和义务的一致性

5. 下列对于"受教育也是一种义务"的理解错误的是（　　）。

   A．在义务教育阶段，适龄子女应主动完成义务教育

   B．家长或监护人应保证适龄子女或被监护人完成义务教育

   C．政府可以采取一定的强制措施迫使公民接受义务教育

   D．国家和政府在一定条件下可以免除公民完成受教育的义务

第四节　我国的国家机构

知识目标

准确理解我国国家机构的组织体系，了解我国国家机构各机关的组成、任期和职权。

思维导图

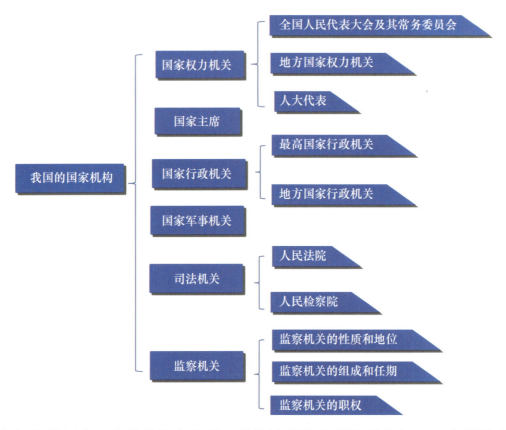

国家机构是国家权力的载体和体现,是统治者为了行使国家权力、实现国家职能而建立起来的一整套国家机关的总称。《中华人民共和国宪法》规定,我国的国家机构实行民主集中制原则、法治原则、责任制原则、联系群众为人民服务原则、精简和效率原则。我国的国家机构由国家权力机关、国家主席、国家行政机关、国家军事机关等组成。

一、国家权力机关

1. 全国人民代表大会及其常务委员会

（1）全国人民代表大会既是我国的最高国家权力机关,又是行使国家立法权的机关。全国人民代表大会由省、自治区、直辖市、特别行政区和军队选出的代表组成。每届任期五年。在非常情况下,可以依法延长全国人民代表大会的任期。全国人民代表大会会议每年举行一次，由全国人大常委会召集。

如果全国人大常委会认为必要，或者有1/5以上的全国人大代表提议，可以临时召集全国人大会议。

全国人民代表大会的职权可以概括为以下六类：①修改宪法、监督宪法的实施；②制定和修改基本法律；③最高国家机关领导人的任免权；④国家重大事项的决定权；⑤最高监督权；⑥应当由最高国家权力机关行使的其他职权。

（2）全国人民代表大会常务委员会是全国人民代表大会的常设机关，是在全国人大闭会期间行使最高国家权力的机关，也是国家的立法机关。它在地位上从属于全国人民代表大会。

全国人民代表大会常务委员会的职权包括：①解释宪法和法律、监督宪法的实施；②国家立法权；③国家重要事项决定权；④人事任免权；⑤监督权；⑥全国人大授予的其他职权。

（3）全国人民代表大会设立各委员会。各委员会包括常设性和临时性的两类，前者主要指各专门委员会，后者主要指针对特定问题组织的调查委员会。专门委员会是全国人民代表大会的辅助性工作机构，是从人民代表中选举产生的、按照专业分工的工作机关。它的任务主要是在全国人大及其常委会的领导下，研究、审议和拟订有关议案。

练一练

1. 关于宪法规定的人事产生方式，下列说法不正确的是（　　）。

    A. 国家副主席由全国人大常委会选举

    B. 国务院总理由全国人民代表大会决定

    C. 最高人民法院院长由全国人民代表大会选举

    D. 最高人民检察院副检察长由全国人大常委会任免

2. 下列属于全国人民代表大会常务委员会职权的是（　　）。

    A. 修改宪法

    B. 选举中华人民共和国主席、副主席

    C. 解释宪法和监督宪法实施

    D. 制定和修改刑事、民事、国家机构和其他基本法律

2. 地方国家权力机关

（1）地方各级人民代表大会是地方国家权力机关。省、自治区、直辖市、自治州、设区的市的人民代表大会的代表由间接选举产生，每届任期五年；县、自治县、不设区的市、市辖区、乡、民族乡、镇的人民代表大会的代表由选民直接选举产生，每届任期五年。地方各级人民代表大会会议每年至少举行一次；经 1/5 以上代表提议，可以临时召集本级人民代表大会会议。

地方各级人民代表大会行使下列职权：①地方性法规的制定权；②地方重大事项的决定权；③人事任免权；④监督权；⑤其他方面的职权。

（2）县级以上地方各级人民代表大会设立常务委员会，作为本级人大的常设机关，是经常性的地方国家权力机关。其组成人员不得兼任国家行政机关、监察机关、审判机关和检察机关的职务。

县级以上地方各级人大常委会的职权主要有：①地方性法规的制定权；②重要事项决定权；③人事任务权；④监督权；⑤人大组织工作方面的职权。

3．人大代表

人民代表大会的代表是我国国家权力机关组成人员，是代表人民行使国家权力的使者。为了保证代表履行职责，宪法和有关法律明确规定了人大代表的权利和义务。

人大代表的权利主要有：提出议案权；提出建议、批评和意见权；质询权；人身受特别保护权；发言和表决免责权；物质保障权。

人大代表的义务主要有：模范地遵守宪法和法律，保守国家秘密，并且在自己参加的生产、工作和社会活动中，协助宪法和法律的实施；同原选举单位和选民保持密切联系，听取和反映人民的意见和要求，努力为人民服务，接受原选举单位和选民的监督。

知识链接

人大不是"橡皮图章"

过去社会上流传一种说法，戏称人大是"橡皮图章"，意思是说人民代表大会制度流于形式，大事由党委和政府决定，人大议事只是像公文加盖图章那样走程序，不能真正发挥权力机关的作用，这种说法显然是错误的。

在2001年，沈阳市中级人民法院的工作报告未获沈阳市人民代表大会通过，原因是代表们对该法院反腐败不力感到不满。这是全国人民代表大会制度自建立以来，人大首次否决审判机关工作报告，对监督对象说"不"，一时震动全国。

2018年是十三届全国人大及其常委会依法履职的第一年，2018年3月，十三届全国人大一次会议共收到议案514件，大多数议案是人大代表通过专题调研、视察走访等形式形成的。一年间，十三届全国人大及其常委会审议通过宪法修正案1件，制定法律9件，修改法律47件次；通过有关法律问题和重大问题的决定13件；首次审议国有资产报告，中华人民共和国成立后第一次摸清国有资产"家底"；首次对最高人民法院和最高人民检察院进行专题询问，聚焦"执行难"。

人大代表依法履行职责，应该代表老百姓说话办事，敢于代表民意立法、监督、寻求公义，这正是人大的本色。它既是人民当家作主的重要形式，更是国家民主政治的重要体现，展现了社会主义制度的优越性。

> **想一想**
>
> 某省人大常委会审议通过了该省《城镇房地产权登记条例》（以下简称《条例》）并很快生效，然而，该省国土资源厅先后两次向下属国土资源局发出"紧急通知"，阻止《条例》的如期实施。该省部分人大代表认为该省国土资源厅的做法属于违法行为，联名向国土资源厅提出质问并要求答复，从而使该省国土资源厅撤销通知。在本案例中，人大代表依法行使的主要权利是（　　）。
>
> A．领导权　　　B．表决权　　　C．司法权　　　D．质询权

二、国家主席

中华人民共和国主席是我国的国家元首，对外代表中华人民共和国。《中华人民共和国宪法》规定，国家主席、副主席由全国人民代表大会选举产生；每届任期同全国人民代表大会每届任期相同。

国家主席的职权包括：向全国人大提名国务院总理的人选；根据全国人大的决定和全国人大常委会的决定，公布法律，任免国务院的组成人员，授予国家勋章和荣誉称号，发布特赦令，宣布进入紧急状态、战争状态，发布动员令；代表国家进行国事活动，接受外国使节；根据全国人大常委会的决定，派遣和召回驻外全权代表，批准和废除同外国缔结的条约和重要协定。

国家副主席协助主席工作，受国家主席的委托可以代行主席的部分职权。在国家主席缺位的时候，由副主席继任主席的职位。

三、国家行政机关

1．最高国家行政机关

国务院即中央人民政府，是最高国家权力机关的执行机关，是最高国家行政机关。它对全国人大及其常委会负责并报告工作。国务院由总理、副总理若干人，国务委员若干人，各部部长，各委员会主任，审计长，秘书长组成。它的每届任期同全国人大每届任期相同。总理、副总理、国务委员连续任职不得超过两届。国务院实行总理负责制。国务院的机构设置包括各部、各委员会、办公机构、直属机构和办事机构。

2．地方国家行政机关

地方各级人民政府是地方各级国家权力机关的执行机关，是地方各级国家行政机关。作为执行机关，它从属于本级国家权力机关，要对本级人大及其常委会负责并报告工作；作为地方国家行政机关，它要对上一级国家行政机关负责并报告工作，并服从国务院的统一领导。地方各级人民政府实行省长、市长、县长、区长、乡长、镇长负责制。每届任期同本级人民代表大会任期相同。地方各级人民政府根据工作需要和精干的原则，设立必要的工作部门。

地方各级人民政府的职权主要包括：①县级以上地方各级人民政府依照法律规定的权限，管理本行政区域内的经济、教育、科学、文化、卫生、体育、城乡建设事业和财政、民政、公安、民族事务、司法行政、计划生育等行政工作，发布决定和命令，任免、培训、考核和奖惩行政工作人员；②乡、民族乡、镇的人民政府执行本级人民代表大会的决议和上级国家行政机关的决定和命令，管理本行政区域内的行政工作；③县级以上地方各级人民政府领导所属各工作部门和下级人民政府的工作。

四、国家军事机关

《中华人民共和国宪法》第九十三条第一款规定："中华人民共和国中央军事委员会领导全国武装力量。"这说明，中央军事委员会是最高国家军事机关。中央军事委员会由主席、副主席若干人、委员若干人组成。它的每届任期同全国人大每届任期相同。中央军事委员会实行主席负责制。中央军委主席对全国人民代表大会和全国人民代表大会常务委员会负责。

> **想一想**
>
> 在我国，全国武装力量由（　　）领导并统一指挥。
> A. 国务院　　B. 中央军事委员会　　C. 中华人民共和国主席　　D. 国防部

五、司法机关

1. 人民法院

人民法院是国家的审判机关，行使国家审判权。审判权是国家赋予法院审理和判决刑事、民事、经济和行政案件的权力。它是国家权力的重要组成部分，只能由人民法院行使。

我国人民法院的组织系统为最高人民法院、地方各级人民法院和军事法院等专门人民法院。地方各级人民法院又分为基层人民法院、中级人民法院和高级人民法院。

最高人民法院对全国人民代表大会和全国人民代表大会常务委员会负责。地方各级人民法院对产生它的国家权力机关负责。最高人民法院是国家最高审判机关，它监督地方各级人民法院和专门人民法院的审判工作。上级人民法院监督下级人民法院的审判工作。人民法院依照法律规定独立行使审判权，不受行政机关、社会团体和个人的干涉。

根据《中华人民共和国宪法》和《中华人民共和国人民法院组织法》的规定，人民法院在开展审判工作时，必须遵守以下主要原则：①公民在适用法律上一律平等的原则。②人民法院依法独立行使审判权，不受行政机关、社会团体和个人的干涉。③公开审判原则。即除涉及国家机密、个人隐私和未成年人的案件外，一律公开审理。不公开审理的案件也应公开宣判。④被告人有权获得辩护的原则。⑤各民族公民有权使用本民族语言文字进行诉讼的原则。⑥合议制原则。即除法律规定的情况外，人民法院应组成合议庭审理案件。⑦回避原则。审判人员不参加与自己有利害关系或者其他关系的案件的审理。

没有程序的正义就没有实体的正义。

——法谚

知识链接

我国的诉讼纠纷解决机制

诉讼是国家司法机关在当事人及其他诉讼参与人的参加下，按照法律规定的程序解决各种案件争讼的专门活动。在出现利益冲突，发生纠纷，受到伤害时，就需要通过纠纷解决机制予以协调、处理，以保障权利、恢复秩序。诉讼是救济的主要形式，是由特定国家机关按照一定的程序和方式解决争讼和处理案件的活动，诉讼活动最大的特点是国家强制性和程序规范性，因此，诉讼活动都必须由国家立法，严格规范程序。根据所要解决的实体法性质不同和诉讼形式的差异，诉讼主要有民事诉讼、行政诉讼、刑事诉讼三种。

我国三大诉讼遵循同样的审级制度，我国法院共有最高人民法院、高级人民法院、中级人民法院和基层人民法院四级设置，实行"两审终审制"，即凡案件经两级人民法院审理即告终结的制度。地方各级人民法院对于按照审判管辖的规定由它审判的第一审案件做出判决或裁定以后，若当事人不服，可以在法定期限内向上一级人民法院提起上诉。上一级人民法院对上诉或抗诉案件，经过审理所做出的判决或裁定，就是第二审的判决或裁定。根据两审终审制度，人民法院的第二审判决或裁定，就是终审的判决或裁定，当事人不得再行上诉。最高人民法院作为第一审法院审判的一切案件都是终审判决。

诉讼法律制度是关于诉讼制度和诉讼程序的各种法律规范的总和。作为程序法，诉讼法保障刑法、民事实体法、行政法的实现，保护公民、法人和其他社会组织的权利。我国的诉讼法律制度主要由民事诉讼法、行政诉讼法、刑事诉讼法构成。

民事诉讼法是国家制定或认可的规范人民法院与当事人和其他诉讼参与人的诉讼活动，调整人民法院与当事人和其他诉讼参与人诉讼法律关系的法律规范的总和，它规定了民事诉讼法律关系中各个主体的诉讼权利和诉讼义务以及确认和保障当事人的实体权利义务得以实现的诉讼程序和制度。《中华人民共和国民事诉讼法》是以宪法为根据，结合我国民事审判工作的经验和实际情况制定的，于1991年4月9日由第七届全国人民代表大会第四次会议通过施行，2007年、2012年、2017年分别进行修正。《中华人民共和国民事诉讼法》是国家规定的处理民事审判程序的法律，是我国重要的法律之一。

行政诉讼法是规范公民、法人或者其他组织因不服行政机关做出的具体行政行为，向人民法院提起诉讼而发生的各种关系的法律规范的总称。《中华人民共和国行政诉讼法》于1989年4月4日由第七届全国人民代表大会第二次会议表决通过，2014年和2017年分别进行修正。

刑事诉讼法是国家制定的有关刑事诉讼程序的法律规范的总称，它调整公安、司法机关进行刑事诉讼的活动和诉讼参与人参加刑事诉讼的活动。《中华人民共和国刑事诉讼法》于1979年7月1日由第五届全国人民代表大会第二次会议表决通过，1996年、2012年和2018年分别进行修正。

关于程序正义，一个著名的案例就是纽伦堡大审判。二战结束后，同盟国设立国际军事法庭对纳粹分子进行了一场著名的审判。中国战地记者，著名作家萧乾曾亲历纽伦堡审判，从他的回忆中，可以充分体会到法律程序正义的魅力，以及程序正义对审判结果的重要意义。在萧乾看来，那些纳粹分子是十恶不赦的恶魔，就算千刀万剐也不为过。然而，纽伦堡审判的主持者严格地执行了审判程序，这场历时一年半的纽伦堡审判动用上千万美元，1 000多名证人出庭作证，上百个专家证人做鉴定，法官认真核实材

料，给被告充分的时间自我辩解，并为被告聘请律师，允许被告及律师在法庭为自己脱罪。纽伦堡审判分为初审、正式审判和宣判三个过程。是否获罪不是简单依靠情感的判断，而是完全依照正当的法律程序，经过大量证据的搜集、法庭的论证，最终才确定罪行的。每一个过程都严谨细致，堪称遵守程序正义的典范。萧乾后来感慨，程序真的非常关键，凡是二战纽伦堡审判的纳粹战犯，过了几十年之后，也没有被平反的。

资料来源：中国新闻网　萧乾谈纽伦堡审判：本身是本极好的历史教科书　http://www.chinanews.com/cul/2012/07-25/4058317.shtml

2．人民检察院

人民检察院是国家的法律监督机关。它是国家专门的法律监督机关，通过行使检察权保障宪法和法律的统一实施。人民检察院对于刑事案件，决定逮捕和提起公诉，并对人民法院的审判活动是否合法实行监督，对监狱、看守所的活动是否合法实行监督。人民检察院依照法律规定独立行使检察权，不受行政机关、社会团体和个人的干涉。

我国人民检察院的组织系统为：最高人民检察院、地方各级人民检察院和军事检察院等专门人民检察院。

地方各级人民检察院又分为：省、自治区、直辖市人民检察院；省、自治区、直辖市人民检察院分院、自治州和省辖市人民检察院；县、市、自治县和市辖区人民检察院。

人民检察院实行双重领导体制。最高人民检察院对全国人民代表大会和全国人民代表大会常务委员会负责，地方各级人民检察院对产生它的国家权力机关和上级人民检察院负责。最高人民检察院是国家最高检察机关，它领导地方各级人民检察院和专门人民检察院的工作，上级人民检察院领导下级人民检察院的工作。这是检察机关的法律监督职能所要求的。

六、监察机关

1．监察机关的性质和地位

中华人民共和国各级监察委员会是国家的监察机关。中华人民共和国设立国家监察委员会和地方各级监察委员会。中华人民共和国国家监察委员会是最高监察机关。国家监察委员会领导地方各级监察会的工作，上级监察委员会领导下级监察委员会的工作。国家监察委员会对全国人民代表大会和全国人民代表大会常务委员会负责。地方各级监察委员会对产生它的国家权力机关和上一级监察委员会负责。

2. 监察机关的组成和任期

监察委员会由下列人员组成：主任，副主任若干人。监察委员会主任每届任期同本级人民代表大会每届任期相同。国家监察委员会主任连续任职不得超过两届。

3. 监察机关的职权

监察委员会依照法律规定独立行使监察权，不受行政机关、社会团体和个人的干涉。监察机关办理职务违法和职务犯罪案件，应当与审判机关、检察机关、执法部门互相配合，互相制约。

知识链接

为了推进全面依法治国，实现国家监察全面覆盖，深入开展反腐败工作，2018年3月，十三届全国人大一次会议通过《中华人民共和国宪法修正案》，在《中华人民共和国宪法》第三章"国家机构"后增加"监察委员会"（共五条），就国家监察委员会和地方各级监察委员会的性质、地位、名称、人员组成、任期任届、领导体制、工作机制等做出规定。《中华人民共和国宪法修正案》获得高票通过，使国家监察体制改革于宪有据。根据《中华人民共和国宪法修正案》的规定，2018年3月18日，十三届全国人大一次会议选举杨晓渡为首任国家监察委员会主任。3月20日，十三届全国人大一次会议表决通过了《中华人民共和国监察法》，如图2-7所示。

图2-7 《中华人民共和国监察法》

法律基础知识

监察法是反腐败国家立法。制定监察法是推进国家治理体系和治理能力现代化的重大举措，是总结反腐败斗争经验、巩固反腐败成果的制度保障，主要任务如下：

（1）加强党对反腐败工作集中统一领导。中国特色社会主义最本质的特征是中国共产党领导，中国特色社会主义制度的最大优势是中国共产党领导。监察委员会与党的纪律检察机关合署办公，是加强党对反腐败工作的集中统一领导，完善党和国家自我监督的重要举措。监察法为监察委员会履行职责、开展工作提供法治保障，在反腐败工作领域体现坚持党的领导、人民当家作主和依法治国的有机统一。

（2）实现监察全覆盖。在我国，"政府"历来是广义的，而行政监察对象主要是行政机关及其工作人员，监察范围过窄。监察委员会对所有行使公权力的公职人员进行监察，实现由监督"狭义政府"公职人员到监督"广义政府"公职人员的转变，使监督不再有空白地带。

（3）整合分散的反腐败力量。组建监察委员会，整合反腐败工作力量，解决检察机关查处职务犯罪的职能与党的纪律检察机关、行政监察机关职能交叉重叠问题，有利于形成反腐败合力。

（4）以法治思维和法治方式反对腐败。将实践证明行之有效的措施写入法律，用留置取代"两规"[①]措施，解决长期困扰我们的法治难题。

练一练

1. 中华人民共和国的国家机构实行（　　）的原则。

  A．单一制　　　　B．议行合一　　　C．民主集中制　　D．三权分立

2. 行使国家立法权的机关是（　　）。

  A．全国人民代表大会

  B．全国人民代表大会常务委员会

  C．全国人民代表大会和全国人民代表大会常务委员会

  D．全国人民代表大会和国务院

[①] 又称"双规"，是中共纪检（纪律检查）机关和政府行政监察机关所采取的一种特殊调查手段。

3. 下列人员中，不属于国务院组成人员的是（　　）。

    A．中央党史和文献研究院　　　　　B．国务委员

    C．副总理　　　　　　　　　　　　D．各部部长

4. 我国的人民法院是（　　）。

    A．国家的司法机关　　　　　　　　B．国家的法律监督机关

    C．国家的仲裁机关　　　　　　　　D．国家的审判机关

5. 全国人大常务委员会通过的法律由（　　）签署予以公布。

    A．国务院总理　　　　　　　　　　B．国家主席

    C．国家副主席　　　　　　　　　　D．委员长

6. （　　）领导全国武装力量。

    A．中华人民共和国中央军事委员会　B．国务院

    C．国防部　　　　　　　　　　　　D．国家主席

第三章 民法

第一节 民法概述

知识目标

理解民法的概念和调整对象、掌握民法基本原则的内涵和运用方法，了解民事法律关系的构成要素。

思维导图

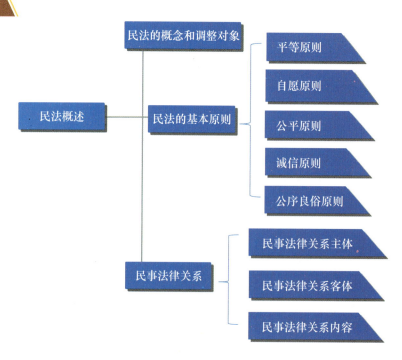

第三章 民 法

知识链接

"民法"一词来源于古罗马的市民法，是适用于罗马市民的法律，调整市民之间的私人关系。由于罗马市民社会商品经济发达，所以罗马法中反映商品生产、交换关系的内容规定很充实完备，在立法体系上也比较严谨，如将其分为人法、物法、诉讼法等。东罗马帝国皇帝查士丁尼（图3-1）编纂成系统的综合的法典《民法大全》，其中规定的一些民事法律制度对后世的许多资本主义国家民法产生了深远的影响。

1804年颁布的《法国民法典》是世界上最早的一部资产阶级民法典，是由拿破仑亲自领导编写的，也称为《拿破仑法典》，《法国民法典》确立的私有财产神圣、契约自由和过失责任被称为近代民法的三大基石。1900年一部更加技术化和抽象化的《民法典》在德国被颁布，影响力同样巨大，它成为中国、日本、希腊等国家民法典的立法典范。

图3-1 东罗马帝国皇帝查士丁尼

中国古代社会诸法合一，刑民不分，中华人民共和国成立之后因各种原因没有制定民法，在民事关系领域只有一部《婚姻法》，改革开放以后为了适应社会需要先后制定了《中华人民共和国继承法》《中华人民共和国民法通则》等民事法律，中国民法立法进入了一个新阶段。1997年，民法典的编纂工作提上日程，1999年《中华人民共和国合同法》通过，2007年《中华人民共和国物权法》通过，2009年《中华人民共和国侵权责任法》通过，2017年《中华人民共和国民法总则》通过，2020年5月28日15时08分，十三届全国人大三次会议表决通过了《中华人民共和国民法典》，于2021年1月1日起施行，宣告中国"民法典时代"正式到来。这部"人民权利的法律宝典""社会生活的百科全书"是新时代人民民事权利的宣言书和保障书。民法典在我国法律体系中的地位仅次于宪法，可以说，民法是时时刻刻不可以缺少、人人不可以缺少的法律遵循。

一、民法的概念和调整对象

民法被称为社会生活的百科全书、日常生活的根本大法。每个人从摇篮到坟墓、从

法律基础知识

白天到黑夜、从衣食住行到婚丧嫁娶，民法始终对其不离不弃，其自己却往往没有意识到。民法是我国法律体系中的一个重要法律部门，与其他法律部门相比，它是人们社会生活中最普遍、最基本的行为规范，与人们日常生活联系最为紧密。民法来源于社会生活，是对人们社会交往的基本规则、人伦关系和价值共识的提炼和表达，所以能呈现人们鲜活的社会生活，蕴含民族精神和文化观念。

法律名言

在民法慈母般的眼里，每一个人就是整个国家。

——孟德斯鸠《论法的精神》

根据我国法律，民法的概念可以表述为：调整平等主体的自然人、法人和非法人组织之间的人身关系和财产关系的法律规范的总称。

从这一概念我们可以看出，民法的调整对象是平等主体的自然人、法人和非法人组织之间的人身关系和财产关系。平等主体是指参加民事活动的主体的法律地位平等，在我国，无论是公民还是法人，无论是国有企业、集体企业法人还是机关、事业单位法人，无论当事人的单位大小、职位高低、经济实力强弱，其地位都是平等的，没有高低贵贱之分，没有依赖和从属的关系，也不存在任何特殊的民事主体。平等主体包括自然人、法人和非法人组织。

人身关系是与人身不可分离的，以人身利益为内容、不直接体现财产利益的社会关系。人身关系包括人格关系和身份关系。《中华人民共和国民法典》中规定了生命权、身体权和健康权、姓名权和名称权、肖像权、名誉权和荣誉权等具体的人格权。身份关系是以特定身份利益为内容的社会关系，例如夫妻关系、父母子女关系等，《中华人民共和国民法典》中规定了结婚、离婚、收养、继承等基于身份关系而存在的利益关系。

财产关系是人们在社会生产、分配、交换、消费过程中形成的具有经济内容的社会关系。它可以是有形的物，也可以是无形的，如商业信息、知识产权。

> **法律名言**
>
> 法律的基本原则是：为人诚实，不损害他人，给予每个人他应得的部分。
>
> ——查士丁尼

二、民法的基本原则

民法的基本原则是贯穿于民法各项制度之中的，指导民事立法、民事行为和民事司法的基本准则。

1. 平等原则

《中华人民共和国民法典》第四条规定："民事主体在民事活动中的法律地位一律平等。"第十四条规定："自然人的民事权利能力一律平等。"平等原则是民法首要原则，没有平等就没有民法。因为民事主体的法律地位平等，不论何种民事主体都具有独立的主体地位，相互之间没有命令和服从关系，所以民事主体可以平等地协商相互间的权利义务关系，当事人平等地享有民事权利，平等地承担民事义务，任何人都不能侵害他人的合法权益。

2. 自愿原则

《中华人民共和国民法典》第五条规定："民事主体从事民事活动，应当遵循自愿原则，按照自己的意思设立、变更、终止民事法律关系。"自愿原则实际就是"意思自治"原则，即当事人可以依自己的意思决定民事事项。民法调整的社会关系是成员间的"私事"关系，应当由当事人自己决定，公权力不应过多干预。当事人可以自由自主地决定是否参与某种法律关系，与何人建立法律关系，而且可以自由协商相互间的权利义务，只要不违反法律的强制性规定，就具有法律效力。同时，当事人也对自己真实意思的行为负责。自愿原则的核心内容是"契约自由"，即以自己的真实意思签订合同。合同是市场交易的最典型形式，契约自由才能保证市场交易自由，从而使资源通过市场达到最佳配置。

法律基础知识

阅读与思考

赌石是一种形象的说法，实际上是翡翠、玉石之类宝石的一种交易方式。因为翡翠原石在开采出来，未剖开之前是不知道内部品质情况的，买家只能根据自己的经验去推断翡翠内部的品质优劣，来出价购买。由于完全是靠经验，所以有点类似于"赌"。如果判断准了，甚至高于判断的品质，那就发财了；反之，就亏本了。赌石是一个容易暴富的行业，但是风险也很大，翡翠原石卖得很贵，一些人都是倾家荡产来赌的，"一刀穷一刀富一刀穿麻布"说的就是赌石。

顾某是一位经营玉石和奇石的商人，他除了有玉石和奇石外，还有从云南收来的一块毛料。陈某是一个玉石爱好者，正好从市场走过，发现有原石出售，便以800元的价格向顾某买下了毛料。陈某让顾某当场切开了毛料，当切开后，顾某和陈某都惊呆了，灰色的石皮里面竟然有一块鸡蛋大的翡翠原石，目测价格就能达到10 000元左右。顾某见此情景，即刻想反悔。陈某当然不愿意。双方协调不成，顾某就把陈某起诉到法庭，理由是买卖合同显失公平，要求法院撤销。

请思考：你认为法院应当如何处理此案？

3. 公平原则

《中华人民共和国民法典》第六条规定："民事主体从事民事活动，应当遵循公平原则，合理确定各方的权利和义务。"公平与公正、正义联系在一起，是以一定社会的共同价值观为基础的，公平既是一种道德原则也是一种法律原则。民事主体参与法律关系的机会均等，在民事活动中正当竞争。公平可以理解为"机会公平"和"结果公平"。在经济上，"机会公平"强调市场主体间平等的竞争地位，有利于提高经济效率；"结果公平"强调人们收入分配的平等，有利于防止贫富分化，维护社会稳定。

4. 诚信原则

《中华人民共和国民法典》第七条规定："民事主体从事民事活动，应当遵循诚信原则，秉持诚实，恪守承诺。"诚信原则和公平原则一样，既是道德规则也是法律原则，要求民事主体在民事活动中要诚实守信，善意行使权利履行义务。信用是社会有序的基本要求，是市场经济发展的基本保障，而诚实是信用的基础。诚信原则被称为民法"帝王条款",其含义和适用范围极广。

5. 公序良俗原则

《中华人民共和国民法典》第八条规定:"民事主体从事民事活动,不得违反法律,不得违背公序良俗。"处理民事纠纷,应当依照法律;法律没有规定的,可以适用习惯,但是不得违背公序良俗。公序良俗即公共秩序和善良风俗,也就是要求民事主体在民事活动中应遵守社会公德和社会公共秩序、公共利益。

相关案例

2017年某月,A先生和家人兴高采烈地去秦淮河上的一家餐馆用餐,第一次尝试通过微信点菜,用餐完毕后用微信付款。事后发现,如使用美团或大众点评App付款则可比微信支付优惠98元。A先生心生不满,认为餐馆应当告知此事,便前往餐馆进行沟通,要求其退回优惠价格的部分,餐馆工作人员认为其对"使用第三方平台可以优惠买单"的事项没有提醒义务,交涉无果,遂发生纠纷。

本案例中的餐馆是否有义务提醒消费者可以选择"优惠买单"服务,或者说餐饮服务中是不是应该包含此项服务?对于这个问题,我国法律未做出"明确"规定,但从一个理性的普通人角度出发,基于朴素的正义观去理解"诚实信用、社会公德",商家当然应进行善意提醒,毕竟一家餐馆是否可以使用此项服务只有通过一定渠道才可得知,而非众所周知,况且服务员的服务工作绝不仅限于点单、端茶、上菜,在消费者结账时提醒他们有更为优惠的价格,也是应尽的"服务"之道。最终,A先生在律师的帮助下,成功拿回了应当优惠的98元,餐馆经理亦心悦诚服。

三、民事法律关系

第一章介绍了法律关系,根据法律关系的概念,我们可以得出民事法律关系是受民法调整的以民事权利义务为内容的社会关系。民事法律关系的要素包括民事法律关系主体、民事法律关系客体和民事法律关系内容。

1. 民事法律关系主体

（1）自然人。

自然人依自然规律出生而享有民事主体资格，自然人的民事权利能力始于出生，终于死亡。民事权利能力是法律赋予自然人享有民事权利和承担民事义务的资格，是法律提供的可能性，要将这种可能性转化为现实性，自然人必须实施一定的法律行为，即自然人必须具有相应的民事行为能力。民事行为能力是自然人能够以自己的行为享有民事权利、承担民事义务的资格。我国民法根据自然人的年龄和智力情况，将自然人的行为能力分为三类，即完全民事行为能力、限制民事行为能力和无民事行为能力，其范围和效力如表3-1所示。

表3-1 完全民事行为能力、限制民事行为能力、无民事行为能力的范围和效力

	完全民事行为能力	限制民事行为能力	无民事行为能力
范围	1. 18周岁以上的自然人； 2. 16周岁以上的未成年人，以自己的劳动收入为主要生活来源的	1. 8周岁以上的未成年人； 2. 不能完全辨认自己行为的成年人	1. 不满8周岁的未成年人； 2. 不能辨认自己行为的成年人； 3. 不能辨认自己行为的8周岁以上的未成年人
效力	可以独立实施民事法律行为	1. 可以独立实施纯获利益的民事法律行为或者与其年龄、智力相适应的民事法律行为； 2. 超出这个范围实施的民事行为由其法定代理人代理或者经其法定代理人同意，追认其效力	由其法定代理人代理实施民事法律行为

> **想一想**
>
> 商场搞有奖销售活动，15岁的儿子花了20元买洗发水，参加抽奖中了8 000元奖金，母亲和他一起去领奖，领完回来后，儿子偷偷拿走7 800元买了一台笔记本电脑，母亲想拿这些钱买化妆品时才发现钱被儿子花了，她决定去找商家把钱要回来。
>
> 想一想：
>
> （1）儿子买洗发水合法吗？奖金应归谁？为什么？
>
> （2）儿子买笔记本电脑合法吗？母亲要求退货合理吗？为什么？
>
> （3）母亲用这些钱买化妆品合法吗？

知识链接

父母是未成年子女的监护人。

未成年人的父母已经死亡或者没有监护能力的，由下列有监护能力的人按顺序担任监护人：①祖父母、外祖父母；②兄、姐；③其他愿意担任监护人的个人或者组织，但是须经未成年人住所地的居民委员会、村民委员会或者民政部门同意。

无民事行为能力或者限制民事行为能力的成年人，由下列有监护能力的人按顺序担任监护人：①配偶；②父母、子女；③其他近亲属；④其他愿意担任监护人的个人或者组织，但是须经被监护人住所地的居民委员会、村民委员会或者民政部门同意。

（2）法人。

法人是具有民事权利能力和民事行为能力，依法独立享有民事权利和承担民事义务的组织。法人是相对于自然人而言的，法人本来不是"人"，但是在法律上拟制了独立的"人格"，所以称为法人。

法人是一种社会组织，是人的集合体和财产集合体的有机统一，不同于单个个体的自然人。法人有独立的财产，法人的财产独立于其他自然人和法人的财产，独立于法人成员的财产。法人能够以自己的名义参加民事活动，独立承担责任。法人的民事权利能力和民事行为能力在时间上和范围上一致，从法人成立时产生，到法人终止时消灭。法人以其全部财产独立承担民事责任。

根据《中华人民共和国民法典》的规定，法人可以分为营利法人、非营利法人和特别法人。以取得利润并分配给股东等出资人为目的成立的法人，为营利法人。营利法人包括有限责任公司、股份有限公司和其他企业法人等。为公益目的或者其他非营利目的成立，不向出资人、设立人或者会员分配所取得利润的法人，为非营利法人。非营利法人包括事业单位、社会团体、基金会、社会服务机构等。机关法人、农村集体经济组织法人、城镇农村的合作经济组织法人、基层群众性自治组织法人，为特别法人。

法人的种类如图3-2所示。

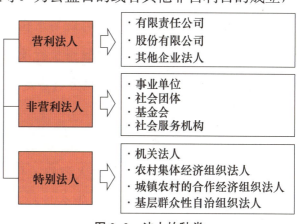

图3-2　法人的种类

知识链接

法人与非法人组织的区别

（1）法人是具有民事权利能力和民事行为能力，依法独立享有民事权利和承担民事义务的组织。能否独立承担民事责任是法人与非法人的主要区别。

（2）两者承担债务的责任不同，法人以其全部财产独立承担民事责任。非法人组织的财产不足以清偿债务的，其出资人或者设立人承担无限责任。

（3）两者的权限不同：非法人组织是可以以自己的名义从事相关民事活动的组织，但不能独立支配和处分所经营管理的财产，经营单位可以刻制印章、开立往来账户、单独核算、依法纳税，也可以签订商业合同并作为执行人。法人是应有法人的资格和地位、应受到法律承认并得到法律保护、依法行使决定权等权利义务的独立单位，而不是上级主管部门的附属物。

法人、法定代表人、法人代表的区别

法人、法定代表人、法人代表究竟有什么区别？我们来梳理一下吧！

（1）法人是指拥有独立的法律人格，拥有独立的财产和利益，并且能独立承担民事责任的组织，最常见的就是有限公司。

（2）法定代表人是代表法人行使权利和义务的自然人。

（3）法人代表是法人或者法定代表人授权从事公司相关活动的自然人，且可以一事一授权。

例如，老郭和老张成立了一个贸易有限公司，该公司即为法律意义上的法人，可以视作一个独立的民事主体；而老郭在营业执照上法定代表人一栏写上了自己的名字，那么在该公司的有限责任范围内，老郭就要承担相应的法律责任和义务，是公司的法定代表人；而该公司拟到上海成立一个项目组执行项目，派老张前往，且签署协议作为项目的法人代表，那么老张对该项目就要承担公司法定代表人相应的责任与义务。你明白了吗？

（3）非法人组织。

非法人组织是指不具有法人资格，但可以以自己的名义进行民事活动的组织。非法人组织包括个人独资企业、合伙企业、不具有法人资格的专业服务机构等。

2. 民事法律关系客体

民事主体参加民事权利义务关系是为了满足自己的利益需要，由此可见，民事主体总是为了满足利益需要并基于一定的事物而形成民事权利义务关系的，这一事物就是利益的载体，也就是权利义务所指向的对象，民法上称为民事法律关系的客体，也称作"标的"。

因为民事主体的利益需求多种多样，所以民事法律关系客体的种类也多种多样，一般来说主要包括物、货币和有价证券、行为、智力成果和人身利益。

3. 民事法律关系内容

民事法律关系内容是指民事法律关系主体所享有的民事权利和承担的民事义务。下面主要介绍民事权利。

民事权利是民法赋予民事主体实现其利益所得实施行为的界限，民事权利是权利人意思自由的范围，在此范围内，有充分的自由，可实施任何行为，法律对此给予充分的保障。民事权利分为财产权、人身权，这是依民事权利的客体所体现的利益为标准而划分的。

人身权是以人身之要素为客体的权利。人身权所体现的利益与人的尊严和人际的血缘联系有关，故人身权与其主体不可分离。人身权可以进一步划分为人格权和身份权。

财产权是以具有经济价值的利益为客体的权利。财产权与人身权不同，财产权可以予以经济评价并可以转让。财产权还可以进一步划分为物权、债权、知识产权和继承权等。物权是支配物并具有排他性效力的财产权；债权是得请求债务人为特定行为的财产权。知识产权是以受保护的智慧成果为客体的权利；继承权是按遗嘱或法律的直接规定承受被继承人遗产的权利。

> **想一想**
>
> 9岁的小牛在某小学读二年级，父母离异。小牛与经商的父亲一起生活，其父亲最近一直在深圳出差，故小牛由其爷爷奶奶照看。有一天，由于其爷爷奶奶临时有事，没有来接小牛。在放学回家的路上，一辆出租车违章驶过小牛身边，溅了他一身泥。小牛很生气，随手捡起一块石头扔向出租车，砸中车上唯一乘客张某，张某经治疗后脸上留下一道伤疤。该出租车为乙公司所有，驾驶员为张某。
>
> 请问本案有哪些民事法律关系？这些民事法律关系的主体、客体和内容分别是什么？

4. 民事法律事实

民法规范只是民事法律关系发生、变更、终止的前提，法律本身并不能在当事人之间发生具体的民事法律关系。例如，民法规定了租赁关系，指明了产生租赁关系的条件，但是法律只是人们的行为准则，当事人之间要建立租赁关系，就需要一个客观的情况，就是订立租赁合同，订立租赁合同这个客观情况就是租赁关系发生的法律事实。

民事法律事实的种类很多，根据其中是否包含当事人意志，可以把民事法律事实分成事件和行为。事件与人的意志无关，如人的出生、死亡，自然灾害的发生等，人的死亡会引起财产的继承关系。行为是人的有意识的活动，根据行为是否符合法律的规定，可以分成合法行为和不法行为，违约、侵权等属于不法行为。

练一练

1．甲明知乙买其房屋的目的在于该房较偏僻，安静且空气好，而现在该房屋门前将有一条高速公路通过，却仍将房屋卖给乙，甲的行为违背了民法中的（　　）原则。

A．诚信　　　　B．自愿　　　　C．平等　　　　D．公序良俗

2．某公安局与某房建公司签订了一份建设工程合同，但合同签订后，公安局要求其将原定的6个月工期缩短为3个月，房建公司不同意，公安局拘留了该房建公司经理，强令其签字。公安局的做法违反了民法中的（　　）原则。

A．诚信　　　　B．自愿　　　　C．平等　　　　D．公序良俗

3．公民的身份权是指公民于下列（　　）情况下享有的权利。

A．出生　　　B．年满10周岁　　C．年满18周岁　　D．取得特定身份

第二节　民事法律行为

知识目标

掌握民事法律行为的概念，理解民事法律行为生效的条件，掌握无效的民事行为、可撤销的民事行为以及效力待定的民事行为的类型。

72

思维导图

> **想一想**
>
> 阿宝结婚时向朋友阿桂借一对景德镇花瓶装饰新房。某日，朋友聚在一起吃饭时提及这个花瓶，有几个人异口同声地说："阿桂那么有钱，阿宝你别还他了。"阿桂笑道："就是，就是。"过几日，阿桂向阿宝索要花瓶，阿宝认为阿桂已经将花瓶赠送给自己了，且昨天刚刚为花瓶定制了一个价值600元的硬木花架，因此拒绝归还。
>
> 想一想：阿宝和阿桂之间是借用关系还是赠与关系？花瓶是否应该归还？

在社会生活中，为实现不同的目的，人们要实施各种行为，这些行为，有的具有法律意义，会发生一定的民事法律效果，如购买商品、结婚登记等；有的不具有法律意义，不会发生法律效果，如外出散步、朋友聚会等。民事法律行为是民事主体通过意思表示设立、变更、终止民事法律关系的具有法律效果的行为。意思表示是指行为人把进行某一民事法律行为的内心效果意思，以一定的方式表达于外部的行为。意思表示是民事法律行为的基本构成要素，没有意思表示就没有民事法律行为。但是意思表示并不等于民事法律行为。在现实生活中，绝大多数民事法律关系的发生、变更和消灭，都是通过民事法律行为来实现的，如订立合同、订立遗嘱、设立公司等。

民事法律行为可以基于双方或者多方的意思表示一致成立，也可以基于单方的意思表示成立。民事法律行为可以采用书面形式、口头形式或者其他形式。

一、民事法律行为的生效条件

《中华人民共和国民法典》第一百四十三条规定，具备下列条件的民事法律行为有效：

1. 行为人具有相应的民事行为能力

相应的民事行为能力是指行为能力与其实施的法律行为相适应，如完全民事行为能力人可以独立进行法律允许的一切民事活动，限制民事行为能力人可以进行与其年龄、智力相适应的民事法律行为，其他民事行为由其法定代理人代理。法人进行民事法律行为也不得超出其在登记机关核准登记的业务范围。

2. 意思表示真实

意思表示真实是指行为人的外部表示与内心的真实意思一致，在实际生活中可能有意思与外部表示不一致的情况，如虚假表示、错误表示。对于意思表示不真实的行为，根据不同情况，应当认定为无效或者撤销。

3. 不违反法律、行政法规的强制性规定，不违背公序良俗

民事法律行为必须是合法行为，违反法律的行为不能产生法律效力。如赌博活动的输赢不能产生法律效力，赌资是不受法律保护的。

> **想一想**
>
> 幼童甲现年6岁，一日到邻居乙的汽车中玩耍。事后，乙发现自己放在车中的手机不见了，乙遂找甲，甲一会儿说拿了手机，一会儿又否认，乙找到甲的父亲丙寻找，也找不到，乙就和丙签订一份协议：丙一次性赔偿3 000元，若手机找到，不是甲拿走的，乙应退还丙3 000元。后来，乙的朋友丁告诉乙其手机遗忘在丁家里了，请其去取。
>
> 想一想：对于此前的协议，下列哪种说法是正确的？
> （1）因为甲并未拿走乙的手机，此协议显失公平。
> （2）乙以欺诈手段使丙违背真实意思而签订协议，此协议可撤销。
> （3）该协议是当事人在真实意思表示基础上签订的。

二、欠缺有效条件的民事行为

1. 无效的民事行为

严重欠缺民事法律行为的有效条件会导致该行为不产生法律上的效力。无效的民事行为自始无效、当然无效、确定无效、绝对无效。

（1）无民事行为能力人实施的民事法律行为无效。

（2）行为人与相对人以虚假的意思表示实施的民事法律行为无效。

（3）违反法律、行政法规的强制性规定的民事法律行为无效。

（4）违背公序良俗的民事法律行为无效。

（5）行为人与相对人恶意串通，损害他人合法权益的民事法律行为无效。

无效的民事行为不得履行，如果已经开始履行的，应当停止履行。

> **想一想**
>
> 2015年张某只有17岁，在本镇的啤酒厂做临时工，每月有600元收入。为了上班方便，张某在镇里租了一间房。2015年7月，张某未经其父母同意，欲花500元从李某处购买一台旧彩电，此事遭到了其父母的强烈反对，但李某还是买了下来。同年10月，张某因患精神分裂症丧失了民事行为能力。随后，其父找到李某，认为他们之间的买卖无效，要求李某返还钱款，拿走彩电。
>
> 想一想：此买卖是否有效？

2. 可撤销的民事行为

可撤销的民事行为是指因为行为人的意思表示有瑕疵而不真实，当事人可以请求人民法院或者仲裁机构予以变更或者撤销的民事行为。不同于无效的民事行为，可撤销的民事行为是相对无效而非绝对无效。可撤销的民事行为仅因为意思表示有瑕疵，是否是真实意思表示客观上不能确定，只有当事人自己清楚，所以法律赋予当事人主张无效的权利。可撤销的民事行为并非自始就确定无效，实际上，民事行为成立的时候是有效的，但是因为意思表示有瑕疵，当事人可以主张变更或者撤销，只有被撤销后才溯及于行为成立时起无效。如果当事人不主张其无效，其他人不能够主张无效，法院或者仲裁

机构也不能确认其无效。当事人可以在自知道或者应当知道撤销事由之日起一年内、重大误解的当事人自知道或者应当知道撤销事由之日起九十日内行使撤销权；当事人知道撤销事由后明确表示或者以自己的行为表明放弃撤销权的，撤销权消灭。

（1）基于重大误解实施的民事法律行为，行为人有权请求人民法院或者仲裁机构予以撤销。

（2）一方以欺诈手段，使对方在违背真实意思的情况下实施的民事法律行为，受欺诈方有权请求人民法院或者仲裁机构予以撤销。

（3）第三人实施欺诈行为，使一方在违背真实意思的情况下实施的民事法律行为，对方知道或者应当知道该欺诈行为的，受欺诈方有权请求人民法院或者仲裁机构予以撤销。

（4）一方或者第三人以胁迫手段，使对方在违背真实意思的情况下实施的民事法律行为，受胁迫方有权请求人民法院或者仲裁机构予以撤销。

（5）一方利用对方处于危困状态、缺乏判断能力等情形，致使民事法律行为成立时显失公平的，受损害方有权请求人民法院或者仲裁机构予以撤销。

民事法律行为无效、被撤销或者确定不发生效力后，行为人因该行为取得的财产，应当予以返还；不能返还或者没有必要返还的，应当折价补偿。有过错的一方应当赔偿对方由此所受到的损失；各方都有过错的，应当各自承担相应的责任。

想一想

李某的父亲生前是一个集邮爱好者，去世时还留有几本邮票。李某对邮票不感兴趣，在后来的几次搬家中他都觉得这些邮票不好处理。一日，李某的朋友刘某来吃饭，无意间发现了这几本邮票。刘某也是一个集邮爱好者，随即表示愿意购买全部邮票，最后其以5 000元的价格将邮票全部买走，李某对这一价格也比较满意。事后不久，李某从父亲生前的一朋友处得知，他父亲所留的邮票中，有5张相当珍贵，可能每张都价值5 000元；同时，另一同事告诉他，刘某正欲出售从李某处买到的邮票。李某立即找到刘某，要求退还刘某的5 000元钱并取回邮票，但刘某坚决不同意。双方协商不成，李某诉至法院，要求撤销合同，返还邮票。

想一想：

（1）李某与刘某之间买卖邮票的行为效力如何？

（2）法院应如何对待李某的请求？

3. 效力待定的民事行为

效力待定的民事行为也是不完全具备民事法律行为有效条件的民事行为，但它既不同于无效的民事行为，也不同于可撤销的民事行为。效力待定的民事行为在其成立时是有效还是无效处于不确定状态，效力待定的原因并非因为意思表示有瑕疵，同时，所欠缺的有效条件也不是实质性的，可以通过其后的一定事实予以补充使之有效。效力待定民事行为有效或者无效取决于行为人以外的第三人的意思，即第三人追认同意的，行为有效；第三人不同意的，行为无效。

（1）民事行为能力欠缺的民事行为。

8周岁以上的未成年人和不能完全辨认自己行为的成年人为限制民事行为能力人，实施民事法律行为由其法定代理人代理或者经其法定代理人同意、追认。

（2）代理权欠缺的民事行为。

行为人没有代理权、超越代理权或者代理权终止后，仍然实施代理行为，未经被代理人追认的，对被代理人不发生效力。

> **想一想**
>
> 李某受单位委派到某国考察，王某听说后委托李某代买一种该国产的名贵药材。李某考察归来后将所购买的价值1 500元的药材送至王某家中，但王某的儿子告诉李某，其父已于不久前去世，这药本来就是给他治病的，现在父亲已不在，药也就不要了，请李某自己处理。李某非常生气，认为不管王某是否活着，这药王家都应该买下。
>
> 想一想：李某行为的法律后果到底应由谁来承担？药材是否应由王家出钱买下？为什么？

三、代理

人们常将小偷伸向受害人的手称为"第三只手"，这个"第三只手"是违法之手，应受到法律制裁，但是在民事活动中，行为人常借他人之手为自己办事，这也可以称为"第三只手"，这就是法律许可的代理制度。代理制度一方面源于对行为能力有欠缺者

的救济；另一方面也出自社会生活的需要。由于社会生活日益复杂，人们对于生产生活已经无法做到事事亲为，也不可能样样精通，为此，人们将部分事务委托他人代为办理在所难免。代理是指代理人在代理权限范围内，以被代理人的名义实施民事法律行为，由被代理人直接承受行为法律后果的制度。

代理包括委托代理和法定代理。

委托代理人按照被代理人的委托行使代理权。委托代理是适用最广泛的代理形式，由委托代理人基于被代理人授权的意思表示而发生，在授权的范围内从事代理活动。

法定代理人依照法律的规定行使代理权。法定代理是为无民事行为能力人和限制民事行为能力人设立的代理形式，通常基于一定的亲属关系或隶属关系产生，带有强制性。

知识链接

表见代理是指虽然行为人事实上无代理权，但相对人有理由认为行为人有代理权而与其进行法律行为，其行为的法律后果由被代理人承担的代理。表见代理从广义上看也是无权代理，但是为了保护善意第三人的信赖利益与交易的安全，法律强制被代理人承担其法律后果。

例如，甲为乙公司业务员，负责某小区的订奶业务已多年，每月底在小区摆摊，更新订奶户并收取下月订奶款。2013年5月29日，甲从乙公司辞职。5月30日，甲仍照常前往小区摆摊收取订奶款。订奶户不知内情，照例交款，甲亦如常开出盖有乙公司公章的订奶款收据。之后，甲携款离开，下落不明。根据民事法律制度的规定，甲的行为构成表见代理，乙公司仍应向订奶户承担合同履行义务。

练一练

1. 下列属于民事法律行为的是（　　）。

　　A．13岁的中学生小文到商店购买了书包

　　B．11岁的儿童创作了一幅风景画

　　C．15岁的小贾出售了外婆送给自己的轿车

　　D．小章将价值1万元的单反相机误以为仅价值1 000元，出售给了别人

2. 某个体商贩用白开水兑酒精冒充汾酒出售，这种行为属于（　　）。

　　A. 无效的民事行为　　　　　　　　B. 民事法律行为

　　C. 可撤销的民事行为　　　　　　　D. 效力待定的民事行为

3. 某工厂采购员甲误以为焦炭三级最佳，遂以一级焦炭的价格购买了500吨三级焦炭，则（　　）。

　　A. 甲可以自行主张此买卖行为无效

　　B. 甲可以自行变更焦炭的价格

　　C. 甲可以请求仲裁机构撤销此买卖行为

　　D. 甲可以在任何时候向人民法院主张此买卖无效

4. 刘某15岁，智力超常，获得了一项产品的发明专利。刘某与薛某达成转让发明专利的协议，该转让协议的效力（　　）。

　　A. 有效　　　　　　　　　　　　　B. 效力待定

　　C. 无效　　　　　　　　　　　　　D. 可撤销

5. 甲因外出而委托乙全面照看其8岁的儿子丙。某日，丙将邻居一小孩打伤，花去医药费近千元。这一损失应由（　　）。

　　A. 甲承担，如乙有过错，乙负连带责任

　　B. 甲承担，如甲无力承担，由乙承担

　　C. 甲承担，乙概不负责

　　D. 由乙承担，甲负连带责任

6. 2010年6月5日，甲授权乙以甲的名义将甲的一台笔记本电脑出售，价格不得低于8 000元。乙的好友丙欲以6 000元的价格购买这台笔记本电脑。乙遂对丙说："大家都是好朋友，甲说最低要8 000元，但我想6 000元卖给你，他肯定也会同意的。"乙遂以甲的名义以6 000元将笔记本电脑卖给丙。下列说法中，正确的有（　　）。

　　A. 该买卖行为无效　　　　　　　　B. 乙是表见代理行为

　　C. 乙可以撤销该行为　　　　　　　D. 甲可以撤销该行为

第三节 物 权

知识目标

理解物权的概念和基本原则，掌握所有权的权能，理解担保物权的内涵和效力。

思维导图

知识链接

民之为道也，有恒产者有恒心，无恒产者无恒心，苟无恒心，放辟邪侈，无不为已。

——孟子

孟子的态度是，给普通老百姓能够使其长期占有的财产，就能够安下心来，不闹事，踏踏实实过小日子；否则，就会觉得生活朝不保夕，只图眼前利益，不想将来，从而无所不为。

人类是消费的动物，不利用财产就不能生存，但是财产是有限的，对财产的争夺是人类社会矛盾的重要原因；因此，社会必须具有定纷止争的规范，确定财产的归属和利用，保持社会经济秩序的稳定，物权规范就是这种规范，不仅确定财产的归属，也要规范财产如何利用。物权是权利人依法对特定物的支配和利用并排除他人干涉的民事权利。物权不仅反映人与物的关系，更重要的是还反映了人与人的关系。物权是一种财产权，在产品的生产、分配、交换、消费过程中产生、变更和消灭。

一、物权法基本原则

1. 物权法定原则

物权法定原则是指当事人只能根据法律的规定设立物权，不能由当事人任意创设，物权的内容只能由法律规定，不能通过当事人协议约定，物权的效力及公示方法必须由法律规定，如不动产所有权的转移必须经过登记。

2. 一物一权原则

一物一权是指一个物权客体只能是一个独立的有体物，一个物体的某一部分不能成立单独的所有权，一个物体上不能设立相互矛盾的物权，特别是不能设立两个所有权。

想一想

购房者张某与卖房人王某签订房屋买卖合同，约定先支付房款的50%，3个月内付清尾款，待房款付清后，由王某负责办理产权过户手续。在张某支付了部分房款，尚未办理产权过户登记期间，王某又把该房卖给李某，并办理了产权过户登记手续。张某知道后，便强行入住该房，致使李某虽拿着产权证却无法入住，因而李某诉至法院，要求张某搬出。

想一想：谁对该房享有所有权？张某应该搬出吗？

3．公示公信原则

公示是指物权在变动时，必须将物权变动的事实通过一定公示的方式向社会公开从而使第三人知道物权变动。公信是赋予公示的内容以公信力，即使公示的内容与实际真实的物权内容不符，法律仍然承认其效果。根据这个原则，参与交易的人只需依照公示的物权从事交易即可，不必费时费力详查标的物的物权状态的实际情况。

想一想

某年教师节前夕，某房产商推出一个楼盘，对教师实行优惠：购房者如有教师资格证书，房价可获得9.5折优惠。年轻夫妻李某与陈某正想买一套房子，陈某的母亲王某正好是教师，于是他们拿了王某的教师资格证书，以王某的名义购得了一套房子，并以王某的名义在房产证上登记。后来李某与陈某协议离婚，要分割财产。这时王某主张房子是她的，并以房产证为证。李某拿出购房时银行付款的单证以及多年来居住该房子的事实主张该房子实际上属于自己。诉讼期间，王某以当时市场价格将房子卖给袁某，并办理了房产登记手续。袁某以买卖合法合理为由，主张其享有房子的所有权。第一种意见认为，房屋的所有权应归陈某和李某；第二种意见认为，房屋的所有权应归袁某。

想一想：你同意哪一种观点？

二、所有权

在现实生活中，一提到某物，人们常会说"这是我的""那是他的"，这就涉及民法中的所有权问题。然而，所有权问题并非如常人想得那么简单，哪些物可以私有，如何确定"你的""我的"，这些都涉及所有权问题。

所有权是所有权人对自己的不动产或者动产，依法享有占有、使用、收益和处分的权利。所有权是一项基本物权，所有权人对自己的财产拥有四项积极的权能。

1．占有权能

占有是所有权人对物的实际管领和控制的事实，占有权通常属于所有权人，但也可以和所有权人分离，如借用、租赁等，此时非所有权人的占有权能同样受法律保护。但当所有权人的占有被他人非法侵害时，所有权人可以基于占有权能请求返还占有。

2．使用权能

使用是在不损坏所有物的情况下对物加以利用以供生产、生活的需要。行使物的使用权能实际上是实现物的使用价值的手段。同占有权能一样，使用权能也可以基于法定或者约定与所有权人分离。

3．收益权能

是指收取所有物所产生的经济利益的权能，如母鸡生蛋、奶牛产奶、收取租金等。收益权常和使用权相联系，一些使用行为的目的是获取收益。收益权也可以为非所有人行使。

4．处分权能

处分是依法对物进行事实上和法律上的最终处置的权能。事实上的处分是指对物进行实质上的变形、消灭、损毁等事实行为，如把苹果吃掉了，把旧家具劈成木柴了。法律上的处分是物的所有权转移、限制或者消灭，如出售、赠与。处分权通常由所有权人亲自行使。

占有、使用、收益、处分四项权能是所有权的四种表现形式，它们可以分离也可以恢复，所有权人正是通过这四项权能来实现所有权的作用的，所有权的四项权能是所有权人实现其利益的方式和手段。

> **想一想**
>
> 2020年1月，甲将自己的房屋租给乙；同年5月，甲出售该房屋，丙愿意购买。二人签订房屋买卖合同后，乙知道了此事，不同意甲将房屋卖给丙，并表示自己愿意以同样价格购买，但是遭到丙的坚决反对，甲只得维持买卖合同，要求乙腾房，乙不肯。
>
> 想一想：甲丙之间的房屋买卖合同是否有效，为什么？本案应如何处理？

知识链接

出租人出卖租赁房屋的，应当在出卖之前的合理期限内通知承租人，承租人享有以同等条件优先购买的权利；但是，房屋按份共有人行使优先购买权或者出租人将房屋出卖给近亲属的除外。

出租人履行通知义务后，承租人在十五日内未明确表示购买的，视为承租人放弃优先购买权。

三、所有权的种类

《中华人民共和国民法典》规定，国家、集体、私人的物权和其他权利人的物权受法律平等保护，任何组织或者个人不得侵犯。

1. 国家所有权

根据宪法，中华人民共和国社会主义经济制度的基础是生产资料的社会主义公有制，即全民所有制和劳动群众集体所有制。法律规定属于国家所有的财产，属于国家所有即全民所有。国有财产由国务院代表国家行使所有权。矿藏、水流、海域、无居民海岛、城市的土地、森林、山岭、草原、荒地、滩涂等自然资源，铁路、公路、电力设施、电信设施和油气管道等基础设施，依照法律规定为国家所有的，属于国家所有。国家资产管理的基本原则是"统一领导,分级管理"。我国幅员辽阔,国家资产数量巨大,遍布全国甚至世界,国家不可能也没有必要事必躬亲,而是在中央集中统一领导下授予机关、企业、事业单位必要权限,由这些单位对国家资产进行经营管理。

2. 集体所有权

劳动群众集体所有制是我国社会主义公有制的组成部分,集体所有的不动产和动产包括如下几种:

(1) 法律规定属于集体所有的土地和森林、山岭、草原、荒地、滩涂;
(2) 集体所有的建筑物、生产设施、农田水利设施;
(3) 集体所有的教育、科学、文化、卫生、体育等设施;
(4) 集体所有的其他不动产和动产。

3. 私人财产所有权

私人对其合法的收入、房屋、生活用品、生产工具、原材料等不动产和动产享有所有权。私人的合法财产受法律保护,禁止任何组织或者个人侵占、哄抢、破坏。这是对中国40多年改革成果的法律确认,也体现了中国人财富观念质的飞跃,有助于强化保护公民财产权利,以"公共"之名侵犯私人财产权将不可行。

四、他物权

他物权是在他人所有的物上设定或享有的权利,是权利人对于不属于自己所有的物,而依据合同的约定或法律的规定所享有的占有、使用、收益的权利。所有权是最完备的物权,不受任何限制。他物权是派生于所有权而又与所有权相分离的物权,他物权属于限制物权。因而可以将所有权称为母权,而将他物权称为子权。

1. 用益物权

用益物权是对他人所有的不动产或者动产,依法享有的占有、使用和收益的权利。土地承包经营权、建设用地使用权、宅基地使用权、居住权都属于用益物权。此外,国家所有或者国家所有由集体使用以及法律规定属于集体所有的自然资源,组织、个人依

法可以占有、使用和收益。国家实行自然资源有偿使用制度，依法取得的海域使用权、探矿权、采矿权、取水权和使用水域、滩涂从事养殖、捕捞的权利受法律保护。

2．担保物权

担保是法律为了保护特定债权人利益的实现而规定的以特定的财产或者第三人的信用保障债务人履行义务的制度。担保物权是为了担保债权的实现，由债务人或第三人提供特定的物或者权利作为标的物而设定的限定物权。担保物权不以标的物的实体利用为目的，而是注重于其交换价值，以确保债务的履行，其标的物必须具有交换价值。在买卖、借贷等民事活动中，债务人或债务人以外的第三人将特定的财产作为履行债务的担保。债务人未履行到期债务时，债权人依照法律规定的程序就该财产优先受偿的权利。担保物权包括抵押权、质权和留置权。

（1）抵押权。

抵押权是债务人或第三人向债权人提供不动产或动产作为清偿债务的担保而不转移占有所产生的担保物权。抵押物主要是不动产，不动产抵押需设立抵押登记。由于抵押权不转移对标的物的占有，标的物仍然由抵押人占有使用收益，因此抵押权最能实现抵押人融资的目的，被称作"担保之王"。当债务人到期不履行债务时，抵押权人有权就抵押财产的价金优先受偿。债权人可以申请法院变卖抵押财产抵偿其债权；如有剩余应退还抵押人，如有不足仍可向债务人继续追索，但对不能强制执行的财产不能设定抵押权。

> **想一想**
>
> 甲公司以一座自有大楼为抵押向乙银行贷款 100 万元，后因与丙公司发生债务诉讼，丙公司向法院申请财产保全，法院裁定将该大楼查封。
>
> 想一想：甲公司对乙银行和丙公司都有债务，哪个债务将得到优先受偿？

（2）质权。

为担保债务的履行，债务人或者第三人将其动产出质给债权人占有的，当债务履行完毕时，质押的财产必须予以归还，债务人不履行到期债务或者发生当事人约定的实现质权的情形，债权人有权就该动产优先受偿。债务人或者第三人为出质人，债权人为质权人，交付的动产为质押财产。质押分为动产质押和权利质押两种。可作为质押的权利有：汇票、本票、支票；债券、存款单；仓单、提单；可以转让的基金份额、股权；可以转让的注册商标专用权、专利权、著作权等知识产权中的财产权；现有的以及将有的应收账款等。

（3）留置权。

留置权是指债权人因合法手段占有债务人的财物，在由此产生的债权未得到清偿以前留置该项财物并在超过一定期限仍未得到清偿时依法变卖留置财物，从价款中优先受偿的权利。留置权是法定担保物权，优先于抵押权、质权等协议约定的担保物权。债权人已经依合同占有债务人的动产是留置权发生的前提，一般来说因保管合同、运输合同、加工承揽合同发生的债权，债务人不履行债务的，债权人有留置权。

抵押权、质权、留置权的区别如表3-2所示。

表3-2 抵押权、质权、留置权的区别

种类	标的物	是否转移	产生方式
抵押权	动产、不动产、权利	不转移	约定
质权	动产、权利	转移	约定
留置权	动产	转移	法定

练一练

1. 甲将自己的私房作价转让给乙，乙又将该房屋转让给丙，丙再将该房屋赠送给丁。上述转让均有合法协议而未办理过户登记手续。现甲、乙、丙、丁四人均主张房屋所有权，故发生争议，该房屋应归（　　）所有。

　　A．甲　　　　　B．乙　　　　　C．丙　　　　　D．丁

2. 李某去商场买东西，结账时发现钱未带够，就和商场工作人员商量，李某将自己的手表交给商场，第二天过来付清购物款并取回手表，此时商场对手表享有（　　）。

　　A．抵押权　　　B．质权　　　　C．留置权　　　D．所有权

3. 甲将自己的宝马轿车抵押给乙，一日，甲开车不慎，翻下公路，车坏人伤。修车后，甲不愿意向修理厂付修理费，修理厂就留置了该车。下列说法正确的是（　　）。

　　A．抵押在先，先实现

　　B．抵押有效但没转移占有，留置权先实现

　　C．留置权是法定担保物权，先实现

　　D．因为车是抵押物，修理厂无权留置

第四节 合 同

知识目标

理解合同的概念，掌握合同的订立、效力、履行、违约责任，了解几种常见的合同，了解无因管理和不当得利。

思维导图

踏上一辆公交车，你就缔结了一份合同，支付车票费用以到达目的地，如果公交车出了交通事故，法律也准备好了决定谁会为你受到的伤害承担责任。在市场经济社会，人们通过自由选择达成交易获得利益，合同自由让稀缺的资源得以合理配置。在现代商业社会，合同法因为能促进交易关系最优化，已经发展到相当复杂的程度，没有合同法规制的商业是无法想象的。

一、合同的概念

合同是民事主体之间设立、变更、终止民事法律关系的协议。一般认为，合同的本质是一种合意或者协议，意思自治是合同的灵魂。只要合同内容不违反法律的强制规定，合同就有法律效力，受到法律保护。同时，合同是由平等主体签订的，订立合同的主体在法律地位上平等，任何一方都不得将自己的意志强加给另一方。另外，民法中所指的合同主要是关于财产关系的合同，婚姻、收养、监护等有关身份关系的协议，适用有关该身份关系的法律规定。

二、合同的订立

合同是当事人协商一致达成的协议，所有合同的订立其实都是当事人就规定合同权利义务内容的主要条款所做的沟通协商的意思表示最终达成协议的过程。合同的订立必须具备两个条件：其一，要有两个或两个以上的合同当事人；其二，合同当事人意思表示达成一致。当事人订立合同，可以采用书面形式、口头形式或者其他形式。书面形式是合同书、信件、电报、电传、传真等可以有形地表现所载内容的形式。以电子数据交换、电子邮件等方式能够有形地表现所载内容，并可以随时调取查用的数据电文，视为书面形式。

当事人订立合同一般采取要约、承诺方式。

1. 要约

要约在国际贸易实践中称为发盘或者出盘，在商业活动中有时也叫报价。要约是希望与他人订立合同的意思表示，该意思表示应当符合下列条件：①内容具体确定；②表明经受要约人承诺，要约人即受该意思表示约束。

拍卖公告、招标公告、招股说明书、债券募集办法、基金招募说明书、寄送的价目表等不是要约，而是要约邀请，要约邀请是希望他人向自己发出要约的表示。商业广告和宣传的内容符合要约条件的，构成要约，否则也是要约邀请。

知识链接

悬赏人以公开方式声明对完成特定行为的人支付报酬的，完成该行为的人可以请求其支付。

例如，甲饲养的藏獒走失，甲遂于街区张贴启事，声明：如有发现并送还者，酬谢3万元。乙不知甲所发启事，发现并送还了藏獒，事后才知甲曾发布悬赏启事，乙还有权请求甲支付报酬吗？

2. 承诺

承诺是受要约人同意要约的意思表示。要约一经承诺合同就成立，因此，法律上认为确认一个意思表示是否构成承诺就意味着确认一个合同是否成立。承诺应当以通知的方式做出；但是，根据交易习惯或者要约表明可以通过行为做出承诺的除外。

承诺必须具备相应的条件才能产生预期的法律效力，其具体条件是：①承诺人必须是受要约人，且必须向要约人发出。②承诺应当在要约确定的期限内到达要约人。③承诺的内容应当与要约的内容一致。受要约人对要约的内容做出实质性变更的，为新要约。有关合同标的、数量、质量、价款或者报酬、履行期限、履行地点和方式、违约责任和解决争议方法等的变更，是对要约内容的实质性变更。

知识链接

格式条款是当事人为了重复使用而预先拟定，并在订立合同时未与对方协商的条款。

对于格式合同的非拟定条款的一方当事人而言，要订立格式合同，就必须全部接受合同条件；否则，就不订立合同。日常生活中常见的车票、船票、机票、保险单、提单、仓单、电信、供水、供电等都是格式合同。

采用格式条款订立合同的，提供格式条款的一方应当遵循公平原则确定当事人之间的权利和义务,并采取合理的方式提示对方注意免除或者减轻其责任等与对方有重大利害关系的条款,按照对方的要求说明该条款。提供格式条款的一方未履行提示或者说明义务,致使对方没有注意或者理解与其有重大利害关系的条款的,对方可以主张该条款不成为合同的内容。

3. 合同的内容

合同的内容由当事人约定,一般包括下列条款:①当事人的姓名或者名称和住所;②标的;③数量;④质量;⑤价款或者报酬;⑥履行期限、地点和方式;⑦违约责任;⑧解决争议的方法。

当事人可以参照各类合同的示范文本订立合同。

三、合同的履行

1. 合同履行的原则

当事人的合同利益,只有在合同履行之后才能得以实现,因此合同的履行是重要的内容,可以说所有的合同制度都是为了保障合同履行而设立的,如合同的成立是合同履行的前提,违约责任的合同履行的补救措施。

(1)全面履行原则。当事人应当按照约定全面履行自己的义务。

(2)诚信履行原则。当事人应当遵循诚信原则,根据合同的性质、目的和交易习惯履行通知、协助、保密等义务。

想一想

甲乙双方签订了一份买卖合同,甲方出售300吨货物给乙方,乙方支付价款150万元。甲方负责送货到乙方,乙方第一期支付总价款的20%即30万元,待甲方送完全部货物后一个月内支付剩余货款。甲方将第一批货送到乙方时,乙方只凑齐了20万元。为此,甲方拒绝交货,乙方要求甲方再等几天,甲方等了一周,乙方一直不能凑齐30万元,于是甲方就将货物运回。乙方提起诉讼,请求甲方返还预付款,并赔偿损失,甲方提起反诉,要求乙方承担违约责任。

想一想:此案该如何处理?

2. 双务合同履行中的抗辩权

双务合同是指当事人双方互负给付义务的合同，当事人双方互相具有依赖性。如在买卖合同中，买方享有要求卖方交货的权利，承担向卖方付款的义务，卖方享有要求买方付款的权利，承担向买方交货的义务。所以双方都既是债权人又是债务人。

在双务合同中，法律为平衡当事人双方的利益，防止债权人滥用请求权，设置了抗辩权制度，抗辩权是对抗债权人的请求权，抗辩权主要有以下几种：

（1）同时履行抗辩权。当事人互负债务，没有先后履行顺序的，应当同时履行。一方在对方履行之前，有权拒绝其履行请求。一方在对方履行债务不符合约定时，有权拒绝其相应的履行请求。

（2）先履行抗辩权。当事人互负债务，有先后履行顺序，应当先履行债务一方未履行的，后履行一方有权拒绝其履行请求。先履行一方履行债务不符合约定的，后履行一方有权拒绝其相应的履行请求。

（3）不安抗辩权。应当先履行债务的当事人，有确切证据证明对方有下列情形之一的，可以中止履行：经营状况严重恶化；转移财产、抽逃资金，以逃避债务；丧失商业信誉；有丧失或者可能丧失履行债务能力的其他情形。不安抗辩权是预防性的保护措施，当一方情况发生变化，另一方先履行会造成损失时，法律为了保护当事人利益而做出规定，为了防止不安抗辩权滥用，法律规定当事人行使不安抗辩权时一定要有确切证据，当事人没有确切证据中止履行的，应当承担违约责任。

> **想一想**
>
> 甲公司有一套价值 1 800 万元的精密设备闲置。甲公司董事长张某与乙公司签订了一份买卖该设备的合同。合同规定，价金 1 700 万元，甲公司于 2021 年 5 月 31 日前交货，乙公司在交货后 10 天内付清款项。在交货日期前，甲公司发现乙公司经营状况恶化，通知乙公司中止交货并要求乙公司提供担保，乙公司予以拒绝。又过了一个月，甲公司发现乙公司的经营状况进一步恶化，于是提出解除合同。乙公司向法院起诉要求甲公司承担违约责任。
>
> 想一想：
> （1）甲乙公司之间的买卖合同是否有效？
> （2）甲公司中止履行的理由是否成立，原因何在？
> （3）甲公司能否解除合同？

四、合同的担保

有人向朋友借钱时，往往信誓旦旦地说"到时候我保证还钱！"这种"保证"有何作用？为了取得出卖人的信任，买受人在购买货物时，经常先押一笔款项，这笔款项的性质是什么？这些问题都与债的担保有关。

担保是法律为了保护特定债权人利益的实现而规定的以特定的财产或者第三人的信用保障债务人履行义务的制度。根据担保的方式，担保可以分为人的担保和物的担保。

1．人的担保

人的担保是指以第三人的信用担保债的履行的担保方式，人的担保的典型形式是保证，是由保证人以自己的信用担保债务人履行债务的担保，在债务人不履行债务时，债权人得请求保证人履行。

2．物的担保

物的担保是以特定的财物作为债权担保的担保方式。在物的担保中，提供担保财产的人可以是债务人，也可以是债务人以外的第三人。典型的物的担保方式包括抵押权、质权、留置权，这些我们在前一节已经学习了，此外还有一种担保是定金担保。

定金是合同当事人约定的为确保合同履行，由一方当事人预先支付给另一方的一定款项。定金合同自实际交付定金时成立，定金的数额由当事人约定，但是，不得超过主合同标的额的20%，超过部分不产生定金的效力。债务人履行债务的，定金应当抵作价款或者收回。给付定金的一方不履行债务或者履行债务不符合约定，致使不能实现合同目的的，无权请求返还定金；收受定金的一方不履行债务或者履行债务不符合约定，致使不能实现合同目的的，应当双倍返还定金。

> **想一想**
>
> 甲公司同乙公司订立了一份买卖合同，约定乙公司购买甲公司生产的高级衬衣1 000件，每件200元；甲公司应当在合同签订后一个月内交货，送货上门；为保证合同履行，乙公司先交4万元定金。20天后，甲公司如数备齐衬衣，不料乙公司见市场上衬衣滞销，不肯收受货物，反过来要求甲公司退还4万元预付款。甲公司不同意，要求乙公司履行合同义务。
>
> 想一想：
> （1）本案中4万元是何种法律性质的款项？
> （2）这4万元应当如何处理？
> （3）甲公司的要求是否应当支持，为什么？

五、违约责任

合同依法成立后，当事人应当按照约定全面履行自己的义务，当事人一方不履行义务或者履行义务不符合约定的，应当承担违约责任。违反合同义务的行为包括不履行、迟延履行、不当履行以及拒绝履行，也包括全部不履行和部分不履行，无论何种违约行为，只要不具备法定的或者约定的免责事由，违约行为人都应当承担违约责任。

承担违约责任的方式有如下几种：

1．继续履行

我国对于违约行为采用继续履行为主、赔偿为辅的救济原则，因履行延迟、履行不当的违约行为，原则上都可以请求继续履行。对违约责任没有约定或者约定不明确，受损害方根据标的的性质以及损失的大小，可以合理选择要求对方承担修理、重作、更换、退货、减少价款或者报酬等违约责任。

2．支付违约金

违约金是依当事人的约定或者法律的直接规定，在当事人一方不能履行债务时向对方给付的金钱，违约金的数额由当事人在合同中约定，但应与实际损失相当。违约金过高或过低的，当事人可以请求法院或仲裁机构减少或增加。既约定违约金又约定定金的，当事人可以选择一项行使。

3. 损害赔偿

当事人一方不履行合同义务或者履行合同义务不符合约定，造成对方损失的，损失赔偿额应相当于因违约所造成的损失，包括合同履行后可以获得的利益。

六、常见的几种合同

西方著名心理学家马斯洛的需要层次理论认为，人的需要由生理需要、安全需要、归属与爱需要、尊重需要、自我实现需要构成。无论是低层次的生理需要还是高层次的自我实现需要，都离不开与他人的交往，如购买食品、乘坐高铁、租赁房屋、旅行、欣赏音乐会、委托他人办事，这所有的一切都是通过合同来实现的。下面介绍几种常用的合同。

1. 买卖合同

买卖合同是出卖人转移标的物的所有权给买受人，买受人支付价款的合同，出卖人应当按照约定的质量要求交付标的物。除法律特别规定或者当事人约定外，一般来说买卖动产的所有权依交付而转移，不动产所有权的转移须依法办理所有权转移登记。买卖合同的成立和生效不需要具备特别的形式或履行批准手续，当事人之间协议一经达成，买卖合同即告生效，不以实际交付实物为成立要件。

2. 借款合同

借款合同是借款人向贷款人借款，到期返还借款并支付利息的合同。借款合同应当采用书面形式，但是自然人之间借款另有约定的除外。借款合同的内容一般包括借款种类、币种、用途、数额、利率、期限和还款方式等条款。借款人应当按照约定的期限支付利息。禁止高利放贷，借款的利率不得违反国家有关规定。借款合同对支付利息没有约定的，视为没有利息，自然人之间借款的，视为没有利息。

民间借贷是自然人、法人和其他组织之间而非从金融机构融资的行为，我国民间借贷活跃，也有大量纠纷发生，常见的案件是由于借款手续不清或不规范导致案件事实无法查清，所以为了维护借贷双方的合法权益，规范借款行为很有必要。对于大额的借款行为，建议书写完整规范的借款合同。

民间借贷合同规范格式如图 3-3 所示。

民间借贷合同

甲方（贷款方）：＿＿＿＿＿＿＿＿＿＿＿＿＿＿

乙方（借款方）：＿＿＿＿＿＿＿＿＿＿＿＿＿＿

一、借款用途：＿＿＿＿＿＿＿＿＿＿＿＿＿＿＿＿＿＿＿＿

二、借款金额

借款方向贷款方借款人民币（大写）＿＿＿＿＿＿＿＿＿＿元。

三、借款利息

自支用贷款之日起，按实际支用数计算利息，并计算复利。在合同规定的借款期内，年利为＿＿％，借款方如果不按期归还借款，逾期部分加收利率＿＿％。

四、借款期限

借款方保证从＿＿＿＿年＿＿＿＿月起至＿＿＿＿年＿＿＿＿月止，按本合同规定的利息偿还借款。

贷款逾期不还的部分，贷款方有权限期追回贷款。

五、保证条款

1．借款方必须按合同规定的期限还本付息。

2．借款方必须按照借款合同规定的用途使用借款，不得挪作他用，不得用借款进行违法活动。

3．借款方用＿＿＿＿＿＿＿＿＿＿做抵押，到期不能归还贷款方的贷款，贷款方有权处理抵押品。借款方到期如数归还贷款的，抵押权消灭。

4．乙方还款保证人为＿＿＿＿＿＿，为确保本契约的履行，愿与乙方负连带返还借款本息的责任。

六、合同争议的解决方式

双方协商解决，解决不成，同意提交＿＿＿＿＿＿区人民法院诉讼解决。

七、本合同自＿＿＿＿＿＿＿＿＿＿生效。本合同一式两份，双方各执一份，合同文本具有同等法律效力。

甲方（签字、盖章）＿＿＿＿＿＿＿＿＿＿　　乙方（签字、盖章）＿＿＿＿＿＿＿＿＿＿

合同签订日期＿＿＿＿＿＿＿＿＿＿＿＿　　　合同签订日期＿＿＿＿＿＿＿＿＿＿＿＿

图 3-3　民间借贷合同规范格式

对于数额较少、当事人之间关系非常好的交易，许多人只书写借条而不签协议，这种方式也很常见，但借条也应写明借款用途、数额、利率、期限和还款方式，必要时要写保证条款。借条范本如图3-4所示。

借　条

今借到张××_____（大写）元，承诺于××年××月××日之前归还，月利率为1%。

　　　　　　　　　　　　　　　　　借款人：李××

　　　　　　　　　　　　　　　　　借款时间：××年××月××日

图3-4　借条范本

3．租赁合同

租赁合同是出租人将租赁物交付承租人使用、收益，承租人支付租金的合同。租赁合同的内容一般包括租赁物的名称、数量、用途、租赁期限、租金及其支付期限和方式、租赁物维修等条款。租赁期限不得超过二十年。租赁期限六个月以上的，应当采用书面形式，当事人未采用书面形式，无法确定租赁期限的，视为不定期租赁。出租人应当按照约定将租赁物交付承租人，并在租赁期限内保持租赁物符合约定的用途，承租人应当按照约定的方法使用租赁物。出租人应当履行租赁物的维修义务。承租人应当按照约定的期限支付租金。出租人出卖租赁房屋的，应当在出卖之前的合理期限内通知承租人，承租人享有以同等条件优先购买的权利。租赁期限届满，承租人继续使用租赁物，出租人没有提出异议的，原租赁合同继续有效，但是租赁期限为不定期。租赁期限届满，房屋承租人享有以同等条件优先承租的权利。

4．运输合同

运输合同是承运人将旅客或者货物从起运地点运输到约定地点，旅客、托运人或者收货人支付票款或者运输费用的合同。客运合同自承运人向旅客出具客票时成立。旅客应当按照有效客票记载的时间、班次和座位号乘坐。旅客无票乘坐、超程乘坐、越级乘坐或者持不符合减价条件的优惠客票乘坐的，应当补交票款，承运人可以按照规定加收票款；旅客不支付票款的，承运人可以拒绝运输。实名制客运合同的旅客丢失客票的，可以请求承运人挂失补办，承运人不得再次收取票款和其他不合理费用。旅客不得随身携带或者在行李中夹带易燃、易爆、有毒、有腐蚀性、有放射性以及可能危及运输工具上人身和财产安全的危险物品或者违禁物品。承运人应当严格履行安全运输义务，及时告知旅客安全运输应当注意的事项。旅客对承运人为安全运输所做的合理安排应当积极协助和配合。

托运人办理货物运输,应当向承运人准确表明收货人的姓名、名称或者凭指示的收货人,货物的名称、性质、重量、数量、收货地点等有关货物运输的必要情况。承运人对运输过程中货物的毁损、灭失承担赔偿责任。

七、准合同

《中华人民共和国民法典》准合同部分规定了无因管理、不当得利两类准合同。债的基本形式包括合同、侵权、不当得利、无因管理,合同是约定之债,侵权、无因管理和不当得利是法定之债,"准合同"实际上不是典型合同,亦非有名合同,仅为特殊的债的形式。认为不当得利、无因管理类似于合同,因为它们都体现了当事人的意思,并且均需在一定程度上尊重当事人的自主自愿,所以在这一点上,它们和合同是相类似的一种债的关系,因此将其称为准合同。

1. 无因管理

管理人没有法定的或者约定的义务,为避免他人利益受损失而管理他人事务的是无因管理。管理人可以请求受益人偿还因管理事务而支出的必要费用;管理人因管理事务受到损失的,可以请求受益人给予适当补偿。

2. 不当得利

没有法律上的根据,使他人受损而取得的利益是不当得利。得利人没有法律根据取得不当利益的,受损失的人可以请求得利人返还取得的利益。

> **想一想**
>
> 甲酒后驾驶汽车将乙撞伤,自己也昏迷不醒,出租车司机丙见状,急忙将二人送到医院治疗,并垫付医药费5 000元。后来,乙离开医院时结算医药费,结余300元,乙以为是甲付的医药费,自己应当得到甲的赔偿,就拿走了钱。
>
> 想一想:
>
> (1)丙的行为有何法律效果?
>
> (2)丙能否要求乙返还300元,能否要求甲返还医药费?

练一练

1. 下列属于不当得利的是（ ）。
   A. 甲、乙二人离婚时，甲利用乙的愧疚心，多要了财产
   B. 古玩市场上王某将花500元买来的清代鼻烟壶以2 000元的价格卖给刘某
   C. 甲错将乙的物品给了丙，丙的儿子将该物品卖掉了
   D. 债务人甲的朋友乙替甲偿还了到期的债务

2. 下列不属于无因管理的是（ ）。
   A. 村民甲浇灌庄稼的时候将多余的水引入村民乙的待浇灌的农田里并且通知乙
   B. 牧民甲将一匹病马抛弃，然后马被兽医乙拾得，乙将马治愈后还给了甲
   C. 误将他人家畜当作自己家饲养的家畜
   D. 将落水者救起并送往医院

3. 甲与乙订立了一份苹果购销合同，合同约定：甲向乙交付20万千克苹果，货款为40万元，乙向甲支付定金4万元；如任何一方不履行合同应支付违约金6万元。甲因将苹果卖与丙而无法向乙交付苹果，乙提出的如下诉讼请求中，既能最大限度保护自己的利益，又能获得法院支持的诉讼请求是（ ）。
   A. 请求甲双倍返还定金8万元
   B. 请求甲双倍返还定金8万元，同时请求甲支付违约金6万元
   C. 请求甲支付违约金6万元，同时请求返还支付的定金4万元
   D. 请求甲支付违约金6万元

第五节　人身权

理解人身权的概念、特征及其分类。

思维导图

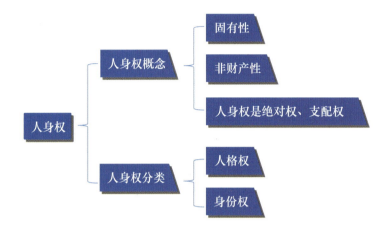

一、人身权概念

在民事权利体系中，有一些权利是与生俱来的，如生命权、健康权，还有一些权利是民事主体基于某种特定身份而享有的，如配偶权、亲属权，这些权利在民法上称为人身权。

人身权作为与财产权相对应的民事权利，与财产权相比，具有以下特征：

1．固有性

人身权是与主体的人格和身份不可分离的权利，是与生俱来、不可转让、不能自行创设和废止的权利，其他财产权、知识产权都不具有这种特性。

2．非财产性

人身权是没有直接财产内容的权利，不能直接体现财产利益。人身权直接体现的是精神利益，与财产的关系通常是派生的或间接的。

3．人身权是绝对权、支配权

人身权具有任何他人都不能妨碍的排他效力。

二、人身权分类

人身权可以分为人格权和身份权。

1. 人格权

人格权是指民事主体基于其法律人格而依法享有的，以人格利益为客体，为维护其独立人格所必需的权利。人格权是自出生（或产生）取得，终身并专属享有的权利。

人格权是民事主体享有的生命权、身体权、健康权、姓名权、名称权、肖像权、名誉权、荣誉权、隐私权等权利以及以人格独立、人格自有、人格尊严为内容的一般人格权。

相关案例

1997年安徽宿州的王莹莹从安徽省广播电视大学会计系毕业。当时她的父母都是宿州市的教师，曾以家庭困难为由，利用教育系统内招的机会托人帮女儿申请教师一职。为此，王莹莹还特地去上海外国语大学进修了英语。后来听说在家乡的教师工作没找好，王莹莹就此漂泊在上海、东莞等地打工，一直没有回到宿州，直到2013年结婚生子后才回到宿州。2001年，苗娟利用王莹莹的名字、原始学籍档案等个人信息办理了教师资格证，进入顺河乡中心学校当了教师，直到2016年王莹莹第一次在当地缴纳社保，发现社保和公积金缴不进去，这才发现与顺河乡中心学校的王莹莹重名了，至此，尘封16年的秘密才被揭开。

2. 身份权

身份权是民事主体基于特定身份而依法享有的，以身份利益为客体的权利。身份权与民事主体的特定身份密切相连。身份权主要包括基于婚姻关系的配偶权和基于父母子女身份的亲权。配偶权是基于合法婚姻关系而在夫妻之间发生的以配偶身份利益为客体的夫妻平等专属的身份权。亲权是父母基于其身份对未成年子女在人身和财产方面进行管教和保护的权利。

近年来,由于社会、学校、家庭和个人方面的原因,校园暴力、家庭虐待、自杀、溺水、交通事故等损害青少年学生生命健康权的事不断发生,青少年学生年纪尚轻、涉世未深、自我保护意识不强,其生命权和健康权更容易被侵犯,一些学生的身体受到损伤,一些学生失去了宝贵的生命。我国除民法有生命健康权的原则性规定外,在《中华人民共和国未成年人保护法》中也规定了对未成年人的家庭保护、学校保护、社会保护和司法保护。青少年学生要学习维护自己的生命健康安全,当自己的生命安全和健康受到非法侵害时,可以使用一切手段保护自己的生命健康安全。

阅读与思考

大数据时代的个人隐私保护

2018年,大规模用户隐私泄露事件又一次被爆出:万豪国际集团旗下酒店客房预订数据库被黑客入侵,约5亿名客人的信息或被泄露。业界称,这是自之前雅虎30亿用户信息被窃以来规模最大的一次。

近年来,用户隐私泄露事件时有发生。从支付宝年度账单事件、Facebook(脸书)用户数据泄露,到携程大数据"杀熟"、华住酒店集团信息泄露案,每一次都引发各界持续热议。"电子商务迅速发展,增加了个人信息泄露的风险;互联网金融新业态涌现,带来了许多网络诈骗新形式;中国移动支付全球领先,伴随的风险不容忽视;共享单车、网约车等也易引发信息泄露。"中国工程院院士邬贺铨说。

目前,现行法律体系滞后表现在采集主体资格无法定、数据权属不清晰、数据使用无边界、行业标准不完善、管理责任不明确、执法监管不到位等多个方面,而予以完善主要面临三个疑难问题。

首先,个人隐私信息范围的快速扩展和其多样性使得法律规制问题十分复杂,如何针对纷繁复杂的身份信息、生物信息、活动信息等个人私密信息,在不同行业领域"对症下药"予以类型化规制;如何在类型化的基础上明确采集主体资格、数据使用范围等关键问题,均有待进一步研究。

其次,大数据时代下侵害隐私权的行为,多呈现出轻微、分散、隐蔽的特征,受害人自身维权动力和能力均不足,无法对侵害人形成有效制约。

最后，高新技术行业领域执法专业难度大、取证难度高，在各类行业标准不完善的情况下，执法的主动性和有效性必然受阻。

现实中的这些疑难问题，在未来相当长一段时间内会伴随人们的生活，因此有关部门应当尽快想出对策并付诸行动。

练一练

1．下列事件中属于侵犯肖像权的是（　　）。
   A．为寻找失踪人员使用其肖像
   B．公安机关为通缉犯罪嫌疑人而使用其肖像
   C．媒体在新闻报道中使用了当事人的肖像
   D．未经许可将当事人肖像印刷在商业广告中

2．甲曾在乙开的照相馆照拍过照片。乙征得甲同意后，将其中一张摆放在自己的橱窗里招揽顾客。丙的印刷厂正在制作日历，以1 000元的价格从乙处买到照片并制作投产。甲发现后非常生气，找到印刷厂问明缘由后，将乙和印刷厂起诉到法院，要求停止侵害、赔礼道歉、赔偿损失。

请问：本案中乙的行为是否构成侵权？

第六节　侵权责任

知识目标

了解民事责任的概念、理解民事责任的归则原则，掌握过错责任的构成要件、特殊侵权责任的基本法律规定。

思维导图

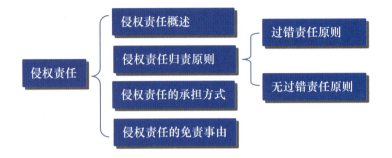

知识链接

"无救济则无权利。"

古老的法律谚语告诉我们：法律对公民权利、自由规定得再完备，列举得再全面，如果在这些权利和自由受到侵犯之后，公民无法获得有效的法律救济，那么，这些法律上的权利和自由都将成为一纸空文。让不法行为人承担法律责任，就是对受侵害人的法律救济。

一、侵权责任概述

现代社会充满了危机和损害，化学品爆炸、工人患职业病、交通事故、空难、废气污染、医生误诊、校园暴力，这些危害事故每年造成了无法估量的财产和人身损失，要有效防止和填补这些损失，是一个涉及面甚广的问题，需要采取相当多的举措，承担法律责任就是一方面的措施。

法律责任是指损害权利义务关系的法律事实所引起的法律上的不利后果，民事责任是民事主体对于自己因违反合同，不履行其他民事义务，或者侵害国家的、集体的财产，侵害他人的人身财产、人身权利所引起的法律上的不利后果。根据引起民事责任的原因不同，民事责任可以分为缔约过失责任、违约责任和侵权责任。

《中华人民共和国民法典》规定："行为人因过错侵害他人民事权益造成损害的，应当承担侵权责任。"与合同法不同，合同法的目标是遵守合同的约定，而侵权法保护的利益更广泛，人身、财产、精神只要受到侵害遭受损失就有获得赔偿的权利。侵害他人民事权利的行为是侵权行为，侵权行为是一种加害于他人的民事违法行为。侵权行为可以是积极的侵权行为，违反不作为的义务，通过作为的方式加害他人，如侮辱诽谤他人名誉、假冒商标等。侵权行为也可以是消极的侵权行为，违反对他人应该作为的义务，以不作为的方式侵害他人权利，如对受害人应有救助保护的义务，而没有实施救助行为。

相关案例

2015年12月初，曹某被河南省西平县某酒店聘为副总经理，12月23日晚，曹某召集同事郭某等五人在县城另一酒店聚餐，聚餐时其六人（三男三女）共饮用白酒3瓶半，曹某喝得较多。聚餐结束后，郭某等人将曹某送回西平县某酒店即离开，次日中午，曹某被发现在宿舍内已死亡。尸检表明，曹某鼻腔内有呕吐物，颈部衣物上有呕吐物附着，余未见明显异常。之后，曹某近亲属周某等三人以侵害生命权为由起诉至法院，请求判令郭某等五人赔偿死亡赔偿金等共计29万元。

法院认为，曹某聚餐当晚喝酒较多，不久后死亡，其间并无其他情况发生，应认定其死亡与饮酒之间存在因果关系；郭某等五人认为曹某并未饮酒过量，酒后也未尽到相应的注意和照顾义务，未对曹某做出相应的安全护理措施，致曹某醉酒后处于无人照顾的危险状态，轻信不会出现问题而离开，导致曹某死亡，故对曹某的损害后果应承担一定的赔偿责任；曹某作为成年人，自身存在重大过失，应承担主要责任。酌定曹某自负80%的责任，郭某等五人承担20%的责任。判决郭某等五人赔偿原告11.9万元，郭某等五人互负连带赔偿责任等。

二、侵权责任归责原则

侵权责任归责原则是侵权责任法中的核心问题，是确立侵权责任的基础。侵权责任归责原则包括过错责任原则和无过错责任原则。

1. 过错责任原则

过错责任原则是公认的一般归责原则，属于核心地位，通常被称为侵权责任的一般

条款。它以行为人的过错作为责任的构成要件，行为人仅在有过错的情况下（行为人具有故意或者过失）才可能承担侵权责任，没有过错，就不承担民事责任。

知识链接

过错包括故意和过失。

故意：行为人明知自己的行为会造成危害社会的结果，并且希望或者放任这种结果发生的心理状态。

过失：行为人对其行为结果应当预见或能够预见，因疏忽而未预见，或者已预见，但因过于自信，以为其不会发生，以致造成损害后果。

过错责任的构成要件包括：①行为人从事了民事违法行为；②造成了他人财产或人身损害的事实；③违法行为与损害后果之间具有因果关系；④行为人主观上有故意或过失的过错。

过错责任原则中还有一种过错推定责任，被害人不必举证对方的主观过错，而是法律直接从损害事实的客观要件及其与违法行为的因果关系中，推定行为人主观有过错；如果行为人认为自己在主观上无过错，则须自己举证，证明成立则推翻过错推定，否认侵权责任；反之，则应承担侵权民事责任。

想一想

某体育报社记者接到张某的电话，张某在电话中透露说："足球裁判于某在A队与B队的比赛中收取贿赂，偏向B队，吹黑哨。"记者将该事请示报社领导后，经与张某核实并经领导过目，在该报上刊登了"于某吹黑哨"的消息。

消息见报后，于某将报社告上法庭，诉诸法律要求恢复名誉、赔礼道歉、赔偿损失。经查明，报社的报道严重失实，但报社声称报道失实是因张某提供虚假消息，报社已经尽了形式审查义务，报社没有过错，原告应该向张某请求赔偿。

想一想：

（1）体育报社的报道是否构成了对于某的名誉损害？

（2）于某可否要求该报社停止侵害，登报恢复名誉？

2. 无过错责任原则

无过错责任原则是指不以行为人主观上的过错，而是依照法律的特别规定确定行为人是否承担侵权责任的归责原则。无过错责任原则的确立对保护民事主体的合法权益起到了重要作用，无过错责任原则的基本思想不在于对不法行为的制裁，而在于对"不幸损害"的合理救济，除非有证据证明是受害人自己的行为引起的。无过错责任原则只在法律特别规定的情形下适用，主要包括产品责任、高度危险责任、环境污染责任、饲养动物损害责任、被监护人致人损害责任等。

> **想一想**
>
> 王某是养鸡户，某日清晨起床后发现自己鸡舍里的鸡被邻居张某养的两只狗咬死了几百只，于是将邻居张某起诉到法院，经法院委托价格认证中心鉴定，确定王某直接经济损失 37 228.8 元。庭审中，被告张某反复声称，原告王某的鸡舍本身有漏洞，正是由于该漏洞的存在，狗才能进入鸡舍，王某作为管理人，未能将漏洞及时堵住，与狗进入鸡舍产生的后果之间存在因果关系，故王某应承担一定责任。
>
> 想一想：王某的经济损失应由谁来承担责任？

三、侵权责任的承担方式

《中华人民共和国民法典》规定了承担民事责任的方式主要有停止侵害；排除妨碍；消除危险；返还财产；恢复原状；继续履行；赔偿损失；消除影响、恢复名誉；赔礼道歉；修理、重作、更换；支付违约金。其中，支付违约金是承担违约责任独有的，其余承担民事责任的方式都可以用于承担侵权民事责任。

对于侵害他人造成人身损害的，应当赔偿医疗费、护理费、交通费、营养费、住院伙食补助费等为治疗和康复支出的合理费用，以及因误工减少的收入。造成残疾的，还应当赔偿辅助器具费和残疾赔偿金；造成死亡的，还应当赔偿丧葬费和死亡赔偿金。

侵害自然人人身权益造成严重精神损害的，被侵权人有权请求精神损害赔偿。因故意或者重大过失侵害自然人具有人身意义的特定物造成严重精神损害的，被侵权人有权要求精神损害赔偿。

四、侵权责任的免责事由

侵权责任的免责事由是指免除或者减轻侵权责任的条件，基于侵权责任的免责事由，可以免除全部责任，也可以免除部分责任。

（1）受害人过错。《中华人民共和国民法典》规定："被侵权人对同一损害的发生或者扩大有过错的，可以减轻侵权人的责任。损害是因受害人故意造成的，行为人不承担责任。"

（2）正当防卫。正当防卫是指为使国家、公共利益、本人或者他人的人身、财产和其他权利免受正在进行中的不法侵害，而采取的制止不法侵害的行为，对不法侵害人造成损害的行为。因正当防卫造成损害的，不承担民事责任。正当防卫超过必要的限度，造成不应有的损害的，正当防卫人应当承担适当的民事责任。

相关案例

林某与黄某为同村村民，双方因经营货车拉货业务发生冲突。2013年5月23日晚，林某找黄某理论，双方发生争吵并引发肢体冲突，林某拿菜刀追黄某，黄某在逃避过程中拿起一根铁棍朝林某头上打去将其击晕。林某于当晚被送到医院住院治疗，经医院诊断其伤情为：①闭合性颅脑损伤、脑室出血、蛛网膜下腔出血；②左枕部软组织挫伤。林某共住院治疗24天，花去医药费25 566.3元。事件发生后，公安机关以故意伤害罪立案，后在侦查过程中发现不应对黄某追究刑事责任，遂于2013年9月25日撤销案件。林某对公安机关的处理不服，向人民检察院提出控告，人民检察院于2014年2月7日做出答复，认定黄某为了防止自己受到来自林某的伤害将其打伤，属于正当防卫，对林某造成的损害不应承担赔偿责任。

（3）紧急避险。紧急避险指为了使公共利益、本人或者他人的人身和其他权利免受正在发生的危险，不得已而采取的损害较小的另一方的合法利益，以保护较大的合法权益的行为。因紧急避险造成损害的，由引起险情发生的人承担民事责任。

"丢车保帅"常被用来比喻利益冲突情况下采取选择的一种"两害相权取其轻"的策略，正当防卫和紧急避险都是现实生活中"两害相权取其轻"的事例。

（4）不可抗力。不可抗力是指不可预见、不能避免并不能克服的客观现象。不可抗力可以是自然原因引起的，如地震、台风、海啸等；也可以是社会原因引起的，如战争、暴乱等。因不可抗力不能履行民事义务的，不承担民事责任。法律另有规定的，依照其规定。

> **想一想**
>
> 小李在下班途中遭遇抢劫，小张上前与实施抢劫者搏斗。在见义勇为的过程中，小张无意间使小李和实施抢劫者受到不同程度的伤害。小李将小张诉至法院要求赔偿，承担民事责任。"英雄流血又流泪"是不少见义勇为者做了好事却遭遇的尴尬。为避免这类让好人寒心的现象发生，充分保护见义勇为者，立法者制定了"见义勇为免责条款"。《中华人民共和国民法典》明确规定："因自愿实施紧急救助行为造成受助人损害的，救助人不承担民事责任。"
>
> 想一想：自愿实施救助和正当防卫有什么区别？

> **练一练**

1．下列情况产生侵权责任的是（　　）。

　　A．法院为父母双亡的幼儿小花指定监护人

　　B．甲将手机借给乙使用，乙谎称手机丢了而不归还甲手机

　　C．胡某醉酒之际答应将自己的房产赠送给何某，酒醒后反悔

　　D．小刚未按照规定日期偿还银行贷款

2．甲、乙两人路过丙家，甲用石头砸丙家门前的狗，狗窜出咬伤了乙，此狗是丙家替丁家所养，该案中的赔偿责任应该由（　　）承担。

　　A．丁向乙　　　B．丙向乙　　　C．乙自己　　　D．甲向乙

3．甲在自己家门前挖坑栽树，晚上没设置警示标志，邻村乙路过时没有发现，跌进坑内摔伤，被丙救起，应当由（　　）负责。

　　A．乙自己　　　B．甲和乙共同　　C．甲　　　D．丙

第四章　刑　法

第一节　刑法概述

知识目标

了解刑法的概念，理解并掌握刑法的基本原则。

思维导图

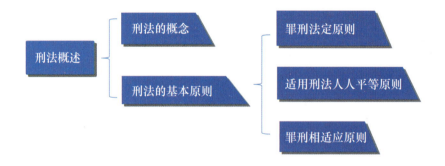

知识链接

刑始于兵

刑始于兵，中国古代法起源于战争说。语出元代脱脱等《辽史·刑法志》。与其近义的还有"师出以律"（《易·爻辞》）。中国古代法的起源中，法与刑不分，兵与刑也不分，特别是因战而设法，用兵而作刑是一种历史现象。《尚书》记载，上古时期夏启发兵攻打有扈氏时，曾颁布了一项法律："……用命赏于祖，弗不命戮于社，予则孥戮汝。"即凡征伐中违抗命令者，除处死本人外，还要罪及其子，用于祭社。"刑始于兵"（图4-1），是古人对上古时期史实的凝练和总结。它揭示了古代法律的起源与战争和军队活动之间密不可分的内在联系，但不足在于它忽略了法律产生的经济根源。

图4-1　刑始于兵

一、刑法的概念

在人类历史上，刑法是伴随着氏族制度的解体、阶级社会的出现而产生的用以维护和巩固阶级统治的工具。刑法源远流长，已有4 000多年历史。刑法成文法典源于夏朝的"禹刑"，以后各代均有刑律。周朝制定了"九刑"。春秋时期，郑晋等国把刑法条文铸刻在鼎上，称之为"铸刑书"。战国时期，成文法典进一步增多。魏相李悝集各国法典之大成，制定了包括盗法、贼法、囚法、捕法、杂法、具法等篇章的《法经》六篇。商鞅在秦变法时，在《法经》的基础上制定了《秦律》。秦始皇统一中国后，将《秦律》补充修订，刑法内容相当丰富，刑罚相当残酷，颁行全国。汉承秦制，成文法典洋洋大观，总称《汉律》。之后各朝各代都有刑法法令。

中华人民共和国成立后，最初几年的主要任务，是有步骤地为实现从新民主主义到社会主义的转变而创造条件，催生了一批单行刑法和一些附属刑法规范。运用这些刑法武器，有效地保证并推动了各项政治运动的开展和政治决策的贯彻实施。自1958年以后，刑法立法和刑法变革被削弱，除了几个特赦令外，没有颁布单行刑法。1978年12月，中国共产党召开了具有历史意义的十一届三中全会，三中全会的精神对于刑法变革无疑是极重要的指导和强有力的推动。1979年7月1日，中华人民共和国第一部《刑法》宣告诞生，成为新中国法治历史上的里程碑。但是由于时代的局限性，1979年《刑法》

在内容和精神上存在着矛盾和冲突，影响了刑法基本功能和作用的正常发挥。我国立法机关经过 10 多年的漫长研究和修订刑法的历程，终于在 1997 年 3 月 14 日的第八届全国人民代表大会第五次会议上通过了新的《中华人民共和国刑法》，并于 1997 年 10 月 1 日起正式施行。1997 年《中华人民共和国刑法》修订通过并颁布施行，是中国刑事法律制度发展和完善的一个新的重要的里程碑，对于中国刑事法律制度的建设，乃至中国整体法律制度的建设都具有十分重大的意义。

刑法是为了惩罚犯罪、保护人民，根据宪法，结合同犯罪作斗争的具体经验及实际情况而制定的。刑法是我国整个法律体系中的重要组成部分。刑法具有自身的独特性，是法律体系中最为严厉、最为严格的一部法律。

刑法是规定犯罪和刑罚的法律规范。

刑法的任务，是用刑罚同一切犯罪行为作斗争，以保卫国家安全，保卫人民民主专政的政权和社会主义制度，保护国有财产和劳动群众集体所有的财产，保护公民私人所有的财产，保护公民的人身权利、民主权利和其他权利，维护社会秩序、经济秩序，保障社会主义建设事业的顺利进行。

法律名言

礼让不足禁邪，而刑法可以止暴。

——桓宽《盐铁论·诏圣》

二、刑法的基本原则

刑法的基本原则是指刑法明文规定的、在全部刑事立法和司法活动中应当遵循的准则。我国刑法的基本原则，分别体现在《中华人民共和国刑法》第三条、第四条和第五条。

1. 罪刑法定原则

罪刑法定原则，是刑法三大基本原则中最为重要也最彰显刑法魅力的原则。《中华人民共和国刑法》第三条规定:"法律明文规定为犯罪行为的,依照法律定罪处刑;法律没有明文规定为犯罪行为的,不得定罪处刑。"

也就是说,什么样的行为构成犯罪,对构成犯罪的行为应当如何处罚,必须由刑法预先明文规定,刑法上没有明文规定的行为,不得定罪处罚。古希腊有"无法无罪,无法无刑"的法律格言,我国唐代也有"犯罪之人,皆有条制,断狱之法,须凭正文"的论断。从总体上看,在专制主义社会,统治阶级奉行的是"刑不可知,威不可测"的愚民政策,实行的是"法自君出""天下事无大小皆决于上"的罪刑擅断,即什么行为构成犯罪、对犯罪如何处罚,并不是由法律严格规定,而是由法官或掌权者根据当时的事件肆意裁定。而在当下的法治社会,一切行为都必须按照法律,依法定罪。法无明文规定不为罪,法无明文规定不处罚,这是对罪刑法定含义的高度概括。

法律名言

无法无罪,无法无刑。

——古希腊格言

2. 适用刑法人人平等原则

《中华人民共和国刑法》第四条规定:"对任何人犯罪,在适用法律上一律平等。不允许任何人有超越法律的特权。"

任何人犯罪,在适用法律上一律平等是指任何人犯罪,都应当受到刑法的追究。我国古代有"王子犯法,与庶民同罪"的说法,表达的也是法律面前人人平等的思想。不允许任何人有超越法律的特权,是指对一切犯罪行为,应一律平等适用刑法,定罪量刑时不得因犯罪人的社会地位、家庭出身、职业状况、财产状况、政治面貌、才能业绩的差异而有所区别,不允许有任何歧视或者优待。

当今法治社会更加强调法律面前人人平等,只有遵循原则,人民的合法权益才能得到法律的保护,社会才能更加公平、公正、公开,人民的生活才能更加健康、快乐、幸福。

需要注意的是,适用刑法从平等原则与刑法中具体的"区别对待"制度不矛盾。

如对未成年人应当从轻或者减轻处罚，过失犯罪应当从轻或者减轻处罚，对又聋又哑的人犯罪可以从轻、减轻或免除处罚，对累犯应当从重处罚、不适用缓刑、不得假释等。

> **想一想**
>
> 中国古代有"刑不上士大夫"的说法。
> 想一想：这种说法违背了刑法的什么原则？

3. 罪刑相适应原则

《中华人民共和国刑法》第五条规定："刑罚的轻重，应当与犯罪分子所犯罪行和承担的刑事责任相适应。"

也就是说，应当按照犯罪分子罪行的社会危害性大小和承担刑事责任的大小来决定刑罚的轻重，犯多重的罪，就判多重的刑。做到轻罪轻罚，重罪重罚，罚当其罪，使罪与刑相称。

早在原始社会之时，人们就有着对公平和正义的追求，形成了一种以同态复仇为表现形式的社会习俗。《汉谟拉比法典》中就收录了部分以"以眼还眼，以牙还牙"为代表的原始氏族的规则。据《汉谟拉比法典》记载："如果一个人击落他的牙齿，他的牙齿也该被同等地打掉。"当然，这种我们称为"同态复仇"的法律是有缺陷的，实际上它也触犯了刑法中故意伤害罪或者故意杀人罪的罪名。当代法律制度，遵循罪责刑相适应的原则，既保护了人性和人权，又能体现公平正义理念，罪责刑相适应原则成为现代刑法实现安定社会、实现社会正义、维护公民合法权益等目标的重要原则。

比如，故意杀死两个人一般重于故意杀死一人的刑罚，犯罪既遂一般重于犯罪未遂的刑罚，盗窃一万元一般要重于盗窃五千元的刑罚。例如，直接故意一般重于间接故意的刑罚，因为前者的人身危险性要更大一些；对未成年人犯罪应当从宽，因为他们的人身危险性较之成年人也要相对更小一些。

想一想

2020年，新冠病毒肆虐全球。当中国决定对武汉"封城"，对湖北"封省"时，有极个别人隐瞒湖北旅行史回到家乡，造成疫情的传播，有网友呼吁对这样的行为施以重刑。

每当社会出现一些不良现象时，我们也常能在社会舆论中听到诸如"抓到就毙了""宁可错杀一千，不要放掉一个""千刀万剐、株连九族"这样的声音，认为看见犯罪就杀了就能消灭犯罪，"轻罪重罚"能够使坏人因为害怕而不敢做坏事。中国古代社会，重刑主义"源远流长"，并且对近现代社会也产生了深刻的影响。但反过来我们也要看到重刑主义的残忍，其必然导致对生命的蔑视、民生的摧残、基本人权的践踏。

想一想：重刑主义有助于消除犯罪吗？为什么要坚持罪刑相适应原则？

练一练

1. 我国刑法明确规定的基本原则有（　　）原则。

　　A．罪刑法定　　　　　　　　B．罪刑相适应
　　C．罪责自负　　　　　　　　D．适用刑法人人平等

2. 罪责刑相适应原则，要求刑罚的轻重应当与犯罪分子（　　）和承担的刑事责任相适应。

　　A．人身危险性　　B．社会危害性　　C．所犯罪行　　D．犯罪态度

第二节　犯　罪

知识目标

要求了解犯罪构成的四个方面，掌握正当防卫的条件；理解犯罪必须符合的四个要件。

思维导图

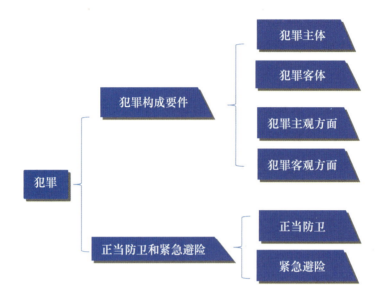

《中华人民共和国刑法》第十三条规定："一切危害国家主权、领土完整和安全，分裂国家、颠覆人民民主专政的政权和推翻社会主义制度，破坏社会秩序和经济秩序，侵犯国有财产或者劳动群众集体所有的财产；侵犯公民私人所有的财产，侵犯公民的人身权利、民主权利和其他权利，以及其他危害社会的行为，依照法律应当受刑罚处罚的，都是犯罪，但是情节显著轻微危害不大的，不认为是犯罪。"

一、犯罪构成要件

犯罪构成就是刑法规定的犯罪成立条件。它是判断某一行为是否构成犯罪、构成何种犯罪的具体标准。

我国刑法规定的犯罪构成有以下四个部分。

1．犯罪主体

犯罪主体是指实施犯罪行为、依法应当负刑事责任的自然人和单位。

每一种犯罪都必须有犯罪主体，有的犯罪是一个人实施的，犯罪主体就是一人，有的犯罪是数人实施的，犯罪主体就是数人。根据《中华人民共和国刑法》规定，公司、企业、事业单位、机关、团体实施犯罪的，构成单位犯罪，因此，单位也可以成为犯罪主体。

自然人犯罪主体是指达到法定刑事责任年龄，具有刑事责任能力，实施危害社会的行为依法应受刑罚处罚的人。

知识链接

已满16周岁的人犯罪，应当负刑事责任。已满14周岁不满16周岁的人，犯故意杀人、故意伤害致人重伤或者死亡、强奸、抢劫、贩卖毒品、放火、爆炸、投放危险物质罪的，应当负刑事责任。已满12周岁不满14周岁的人，犯故意杀人、故意伤害罪，致人死亡或者以特别残忍手段致人重伤造成严重残疾，情节恶劣，经最高人民检察院核准追诉的，应当负刑事责任。对依照前三款规定追究刑事责任的不满18周岁的人，应当从轻或者减轻处罚。因不满16周岁不予刑事处罚的，责令其父母或者其他监护人加以管教；在必要的时候，依法进行专门矫治教育。

《中华人民共和国刑法》第十八、十九条还规定了犯罪主体应具备的刑事责任能力，即犯罪主体应具有辨认和控制自己行为的能力。规定了精神病人在不能辨认或者不能控制自己行为的时候造成危害结果的，不负刑事责任，但应当责令其家属或者监护人严加看管和医疗。间歇性精神病人在精神正常时犯罪，应当负刑事责任。醉酒的人犯罪，应当负刑事责任。聋哑人、盲人犯罪，可以从轻、减轻或者免除处罚。

单位犯罪是指公司、企业、事业单位、机关、团体，为谋取单位非法利益，经单位决策机构决定或者由负责人决定实施的危害社会并构成犯罪的行为。《中华人民共和国刑法》规定，单位犯罪的，对单位判处罚金，并对其直接负责的主管人员和其他直接责任人员判处刑罚。

2. 犯罪客体

犯罪客体是指刑法所保护而被犯罪行为所侵害的社会关系。

犯罪客体是犯罪构成的必要要件，没有一个犯罪是没有犯罪客体的。犯罪之所以具有社会危害性，首先是由其所侵犯的犯罪客体决定的。一个行为不侵犯任何客体，不侵犯任何社会关系，就意味着不具有社会危害性，也就不能构成犯罪。

这里要指出的是，犯罪客体不同于犯罪对象。犯罪客体是犯罪行为所侵害的社会关系，犯罪对象是指为犯罪行为所侵犯的物或者人的本身。如《中华人民共和国刑法》第二百三十六条规定的强奸罪的犯罪客体是女性的性自主权，犯罪对象一般是女性。有的犯罪没有对象，但是所有犯罪都有客体。比如，第三百一十六条脱逃罪，没有对象，但是有客体即监狱管理秩序。对犯罪客体的研究有利于正确理解法律，有助于认识犯罪的本质特征，准确定罪和量刑。

3．犯罪主观方面

犯罪主观方面体现的是行为人在怎样的心理状态支配下实施危害社会行为的，刑法对犯罪构成的心理状态有哪些具体的要求。

犯罪主观方面的心理状态有两种，即故意和过失。故意，就是心存故意，比如犯盗窃罪，犯罪人希望将他人财物窃为己有；犯故意伤害罪，犯罪人希望造成他人身体受到损伤的结果。有的犯罪是过失性质的，如失火罪，犯罪人就具有疏忽大意的心理状态。在单位构成犯罪的情况下，该单位对犯罪行为负有责任的人员也同样具有主观心理状态。

"故意"又分两种，一是"希望"，又叫直接故意，一是"放任"，又称间接故意。"过失"亦有两种，一为"过于自信"，一为"疏忽大意"。

如高空抛物，砸伤或者砸死了人，抛物人的目的或许只是丢掉垃圾，但是害死了别人，这就属于过于自信引起的过失杀人罪。

4．犯罪客观方面

犯罪客观方面是指刑法规定的犯罪活动的客观外在表现，包括危害行为、危害结果，以及刑法上的因果关系等客观事实。在实践中，能够说明犯罪的客观事实是多种多样的。

我国立法机关并不是把一切客观事实都作为犯罪客观要件，而是把那些最基本的、足以表明社会危害性质及其程度的客观事实，在刑法中规定为犯罪的客观要件。根据这些条件是否为犯罪构成所必需，可以分为两类：第一类是必要要件，它包括危害行为、危害结果，以及危害行为与危害结果之间的因果关系。每个犯罪构成都必须具备这些因素，否则犯罪不能成立。第二类是选择要件，它包括犯罪的时间、地点、方法等，这些要件并不是每个犯罪构成都必须具备的，只有对于那些法律上有特别规定的犯罪，才是构成犯罪的必要要件。

所以犯罪客观方面是指犯罪行为的具体表现。比如诈骗罪，犯罪人具有虚构事实、欺骗他人的行为，比如贩毒罪，犯罪人具有贩卖毒品的行为，等等。

> **想一想**
>
> 尝试用身边案例来说明犯罪构成的四个要件。
>
> 想一想：如甲故意杀害乙，这里的犯罪主体是_____；犯罪客体是_____；犯罪主观方面是_____；犯罪客观方面是_____。

二、正当防卫和紧急避险

中世纪，西方有句格言叫作"紧急时无法律"，其基本含义是在紧急状态下，可以实施法律在通常情况下所禁止实施的某种行为，以避免紧急状态所带来的危险。很显然，这一格言适用条件与范围是有限的，就现在的法律来说，如正当防卫、紧急避险都属于这类情况。

1. 正当防卫

（1）正当防卫的概念。

《中华人民共和国刑法》第二十条规定："正当防卫是指为了使国家、公共利益、本人或者他人的人身、财产和其他权利免受正在进行的不法侵害，而采取的制止不法侵害的行为，对不法侵害人造成损害的，属于正当防卫，不负刑事责任。"

（2）正当防卫的条件。

第一，防卫目的必须具有正义性。必须是为了使国家、公共利益、本人或者他人的人身、财产和其他权利免受正在进行的不法侵害而采取的制止不法侵害的行为。这是正当防卫不负刑事责任的重要依据。

第二，必须是对正在进行的不法侵害行为实行防卫。这种侵害是指已经开始或者直

接面临的不法侵害行为。既不能是想象、推测，也不能是尚未开始或已经结束的侵害行为。

第三，必须是对实施不法侵害的人实行防卫。不能对没有实施不法侵害的第三者造成损害。

第四，防卫行为不能超过必要的限度。即防卫行为所造成的损害的大小和防卫所保护的利益的大小，总体上要相适应。但为了严重打击恶性犯罪，《中华人民共和国刑法》第二十条第三款特别规定："对正在进行行凶、杀人、抢劫、强奸、绑架以及其他严重危及人身安全的暴力犯罪，采取防卫行为，造成不法侵害人伤亡，不属于防卫过当，不负刑事责任。"

防卫过当要负刑事责任

4·14聊城于欢案是2016年4月14日14时，发生在山东省聊城冠县的刑事案件。

2016年4月13日，吴学占在苏银霞已抵押的房子里，指使手下大便，将苏银霞按进马桶里，要求其还钱。当日下午，苏银霞四次拨打110和市长热线，但并没有得到帮助。2016年4月14日，由社会闲散人员组成的10多人催债队伍多次骚扰苏银霞的工厂，辱骂、殴打苏银霞。苏银霞的儿子于欢目睹其母受辱，从工厂接待室的桌子上摸到一把水果刀乱捅，致使杜志浩等四名催债人员受伤。其中，杜志浩因未及时就医而失血性休克死亡，另两人重伤，一人轻伤。2017年2月17日，山东省聊城市中级法院一审以故意伤害罪判处于欢无期徒刑。原告杜洪章、许喜灵、李新新等人和被告于欢不服一审判决，分别提出上诉，山东省高级人民法院于2017年3月24日立案受理。

2017年5月27日，该案二审公开开庭审理。山东省高级人民法院采取微博直播的方式向社会通报庭审相关信息。2017年6月23日，山东省高级人民法院认定于欢属防卫过当，构成故意伤害罪，判处其有期徒刑5年。

关于此案最高人民检察院答疑如下：

（1）从防卫意图看，于欢的捅刺行为是为了保护本人及其母亲合法的权益而实施的。为了保护合法的权益,这是正当防卫的目的性条件。合法的权益,并不限于生命健康,还包括人身自由、人格尊严等其他合法权益。

(2)从防卫起因看,本案存在持续性、复合性、严重性的现实不法侵害。针对不法侵害行为才能实施防卫,这是正当防卫的前提条件。这里的不法侵害,既可以是犯罪行为,也可以是一般违法行为,包括对非法拘禁,公民可以进行防卫。

(3)从防卫时间看,于欢的行为是针对正在进行的不法侵害实施的。防卫适时是正当防卫的时间性条件。

(4)从防卫对象看,于欢是针对不法侵害人本人进行的反击。针对不法侵害人本人实施防卫行为,这是正当防卫的对象性条件。这里的不法侵害人本人是指不法侵害的实施者和共犯。

(5)从防卫结果看,明显超过必要限度,造成重大损害。不能明显超过必要限度造成重大损害,这是正当防卫的适度性条件,也是区分防卫适当与防卫过当的重要标准。

2. 紧急避险

(1)紧急避险的概念。

《中华人民共和国刑法》第二十一条规定:"为了使国家、公共利益、本人或者他人的人身、财产和其他权利免受正在发生的危险不得已而采取的紧急避险行为,造成损害的,不负刑事责任。"

(2)紧急避险的条件。

第一,紧急避险必须是为了保护国家、公共利益、本人或者他人的人身、财产和其他权利免受正在发生的危险而采取的。

第二,紧急避险是为了保护较大的合法权益,不得已而采取损害另一较小合法利益的行为。这里所指的危险,可以来自人的行为,也可以来自自然界的力量。避免遭受危险的,必须是法律所保护的利益。关于紧急避险的规定,不适用于职务上、业务上负有特定责任的人。

第三,紧急避险必须是对正在发生的危险而采取的,对于已经过去的危险和尚未到来的危险,都不能实行紧急避险。而且这种危险必须客观实际的存在,不能是想象或者推测的危险。紧急避险必须是在迫不得已的情况下采取的。行为人所采取的行动,是在

当时情况下唯一能够避免危险的行动。如果有其他办法可以避免危险，就不能采取紧急避险的行为。《中华人民共和国刑法》规定，在迫不得已的情况下采取的紧急避险的行为造成损害的，不负刑事责任。

第四，紧急避险的行为不能超过必要的限度。紧急避险要求被损害的利益必须小于被保全的利益，否则就超过了紧急避险行为的必要限度。《中华人民共和国刑法》规定，紧急避险超过必要限度造成不必要的损害的应当负刑事责任，但是应当减轻或者免除处罚。

于海明正当防卫案

2018年8月27日21时30分许，于海明骑自行车在江苏省昆山市震川路正常行驶，刘某醉酒驾驶小轿车向右强行闯入非机动车道，险些与于海明擦碰。一名与刘某同车的人员下车与于海明争执，经同行人员劝解返回时，刘某突然下车，上前推搡、踢打于海明。虽经劝解，刘某仍持续追打于海明，并从轿车内取出一把砍刀（系管制刀具），连续用刀面击打于海明颈部、腰部、腿部。刘某在击打过程中将砍刀甩脱，于海明抢到砍刀，刘某上前争夺，在争夺中，于海明捅刺刘某的腹部、臀部，砍击其右胸、左肩、左肘。刘某受伤后跑向轿车，于海明继续追砍两刀均未砍中，其中1刀砍中轿车。刘某逃离后，倒在附近绿化带内，后经送医抢救无效死亡。9月1日，昆山市公安局认定于海明的行为属于正当防卫，不负刑事责任，决定依法撤销于海明故意伤害案。

于海明案入选最高人民检察院第十二批指导性案例。从2009年的邓玉娇案，到2017年的于欢案，涉及正当防卫的案件一直是社会各界的关注焦点。2018年涉及正当防卫争议的案件较多，如武汉摸狗案和陕西王浪案，都引发舆论关注。有争议未尝不是好事，对于此类案件，司法机关应该从细节入手，认真分析案情，找出正当防卫、防卫过当和故意伤害的临界点，做出实事求是的判断和裁决。在防止防卫过当的同时，也要充分赋予公民通过正当防卫阻止犯罪行为、震慑犯罪分子的合法权利，只有这样才能更好地维护公平正义。

练一练

1. 甲主动带领邻居家 5 岁的小孩进入山中狩猎。两人在林中失散，甲继续独自行猎，既不寻找小孩，也没返村告知小孩家人，然后径直回家。数日后，小孩家人在林中发现被野兽咬伤致死的小孩尸体。甲的行为属于（　　）。

　　A．故意杀人　　　　B．意外事件　　　　C．过失致人死亡　　D．不构成犯罪

2. 司机甲，平日酒量为一斤白酒。某日，甲喝了半斤白酒，自认为没事，就驾车出去办事，途中因头晕刹车不及，将一行人撞死。下列对甲主观方面认定正确的是（　　）。

　　A．甲明知自己饮酒，还要驾车，其主观上对于交通肇事结果是犯罪故意

　　B．甲没有超过他平时的酒量，对于交通肇事在主观上是意外事件

　　C．甲明知自己饮酒，但自认为没事，在主观方面为疏忽大意的过失

　　D．甲自认酒量大，应该没事，结果驾车肇事，在主观方面是过于自信的过失

3. 下列情况属于正当防卫的是（　　）

　　A．黄某被姚某殴打后扬言要报复，姚某听说就拿出一把菜刀，被许某劝阻在一旁，此时黄某想先发制人，就从姚某手中夺过菜刀，将其砍成重伤。对于黄某行为的认定

　　B．李某身强力壮，对体弱的张某不满，伺机报复，一日见其和女友在一块，遂调戏侮辱其女友，张某看不过就抡起一根铁棍扑向李某，李某轻而易举地夺下铁棍，并借口防卫将张某手臂打折。对于李某行为的认定

　　C．一天晚上，一便衣民警夜晚巡逻，检查三轮车时被远处的司机误认为是窃车贼，司机立即找了几个人手持铁棍赶到现场，而民警也以为遭坏人袭击，双方因误会而发生冲突，民警开枪将司机打死。对于民警行为的认定

　　D．一天晚上吴某在一僻静小巷行走，见一陌生人突然袭击他，遂挥拳打去，直至将其打瘫在地。后查明此陌生人为一狂暴性精神病人，经常袭击路人，已造成好几起轻伤事件。结果精神病人被吴某打断一条腿（轻伤害）。对于吴某行为的认定

第三节　刑　罚

知识目标

了解我国的刑罚体系，掌握主刑和附加刑的种类，了解刑罚裁量权的行使。

思维导图

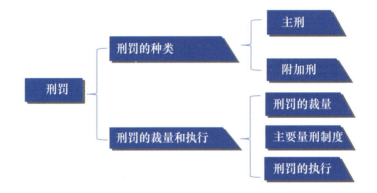

《中华人民共和国刑法》第五条规定了刑罚相适应的原则。罪责越重，刑罚越重。刑法适用人人平等，刑罚结果因罪而异。刑罚体系就是针对犯罪而设立的惩罚体系。

刑罚是对犯罪的惩罚与威慑。在古代，我国有很多酷刑，如剥皮、腰斩、车裂、凌迟、宫刑、刖刑等，变法家商鞅受车裂之刑而亡，《史记》的作者司马迁受过宫刑，《孙子兵法》的作者孙膑受过刖刑。这些酷刑是中国古代的残酷刑法的主要表现，是那个时代用法律作为震慑手段在维护统治原则指导下的产物。随着社会的不断发展，人类文明的开化程度越来越高，法律也越来越人性化。我国刑罚的种类分为主刑和附加刑。主刑只能独立适用，附加刑既可以独立适用，也可以和主刑合并适用。对于犯罪的外国人，可以独立适用或者附加适用驱逐出境。

一、刑罚的种类

1. 主刑

主刑包括管制、拘役、有期徒刑、无期徒刑、死刑。

（1）管制，是由人民法院判决，对犯罪分子不予关押，但限制一定的自由，由公安机关执行的一种刑罚。其适用于罪行较轻，不需要关押的犯罪分子。《中华人民共和国刑法》第三十八条规定："管制的期限，为三个月以上两年以下。"

（2）拘役，是指短期剥夺犯罪分子的人身自由，就近执行并实行劳动改造的一种刑罚。适用于罪行较轻，需要短期关押的犯罪分子。《中华人民共和国刑法》规定：拘役的期限为一个月以上六个月以下，数罪并罚时不得超过一年。

（3）有期徒刑，是指剥夺犯罪分子一定期限的人身自由，强制其进行劳动并接受教育改造的一种刑罚。适用于各类犯罪。《中华人民共和国刑法》规定："有期徒刑的期限为六个月以上十五年以下，数罪并罚时最高不超过二十年。"

（4）无期徒刑，是剥夺犯罪分子的终身自由，强制其参加劳动并接受教育改造的一种刑罚。适用于罪行极其严重，但又不必要判处死刑的犯罪分子。

（5）死刑，是剥夺犯罪分子生命的刑罚，适用于罪行极其严重的犯罪分子，但犯罪时不满18周岁的人和审判时怀孕的妇女不适用死刑。

阅读与思考

现在世界上有70%的国家已经取消了死刑，但仍旧有30%的国家保留着死刑，而我国在保留并执行死刑的30%之列。通常来说，废除死刑的国家大都由于受人权和宗教的影响。当然，也有特殊的情况，美国一些州执行死刑成本太高，人均花费高达230万美元，所以希望废除死刑。死刑的废除与否一直存在争论。反对废除死刑的人认为，刑罚为的就是更好地维护社会秩序的稳定存在，而死刑便是一个极为有效的警示。如果废除死刑会不会导致杀人犯罪增多也未可知，而且在一些不杀不足以平民愤的恶性案件中，死刑可以安抚大众的情绪，特别是受害者家属的情绪。

而赞成废除死刑的人认为，死刑是对人权的一种践踏，政府没有权力去剥夺一个人

生存的权利。而且死刑并不能有效地遏制犯罪，最为重要的是一旦错杀，冤死的人将无法挽回。所以，终身监禁其实比执行死刑更加有利于实现对社会的警示。当然，还有一些人认为死刑不应该废除，但应该慎重。说白了就是可以不用，但不能废除。一旦出现罪大恶极的犯罪分子，还可以祭出死刑这个"大杀器"。其实，现在保留死刑的国家，对犯罪分子也大致采用了少杀多关的方式。也就是少判处死刑，多关几年，这也是社会文明不断发展的一种体现。2015年，《中华人民共和国刑法修正案（九）》取消了走私武器弹药罪等九项死刑。

请思考：减少死刑，会不会纵容犯罪？

2．附加刑

附加刑包括罚金、剥夺政治权利、没收财产。

（1）罚金，是强制犯罪分子向国家缴纳一定数额金钱的一种刑罚。主要适用于出于贪财动机的犯罪分子。罚金的数额，根据犯罪情节决定。对于某些轻罪，可以独立适用。对于重罪，则作为附加刑适用。

（2）剥夺政治权利，是剥夺犯罪分子参加国家管理的政治权利的一种刑罚。剥夺政治权利包括：剥夺选举权和被选举权；剥夺言论、出版、集会、结社、游行、示威等自由权利；剥夺担任国家机关职务的权利；剥夺担任国有公司、企业、事业单位和人民团体领导职务的权利。《中华人民共和国刑法》规定："对于危害国家安全的犯罪分子，应当附加剥夺政治权利；对于故意杀人等严重破坏社会秩序的犯罪分子，可以附加剥夺政治权利。对于被判处死刑、无期徒刑的犯罪分子，应当剥夺政治权利终身。剥夺政治权利的期限分为有期剥夺和终身剥夺两种。"

（3）没收财产，是指将犯罪分子个人所有财产的一部分或全部，强制无偿地收归国有的一种刑罚。没收财产只限于没收犯罪分子个人所有的财产，属于犯罪分子家属所有或者应有的财产，不得没收。没收财产以前犯罪分子所负的正当债务，需要以没收的财产偿还的，经债权人请求，应当偿还。没收财产主要适用于罪行严重的危害国家安全的犯罪和严重的经济犯罪。

法律名言

罪犯的痛苦是受害人痛苦的一种补偿。

——格劳秀斯《战争与和平法》

二、刑罚的裁量和执行

1. 刑罚的裁量

刑罚裁量简称量刑,指人民法院根据行为人所犯罪行及刑事责任的轻重,在定罪的基础上,依法决定对犯罪分子是否判处处罚,判处何种刑罚,以及所判刑罚是否立即执行的刑事审判活动。量刑针对的是在行为已经构成犯罪的前提下,法院在量刑时应当考虑的影响刑罚轻重或者免除的各种事实。

量刑必须结合具体案件看行为人有无法定的或者酌定的影响刑罚轻重的情节,也就是说量刑的内容包括两个方面。

(1)法定量刑情节,是刑法明文规定的包括从重、从轻、减轻和免除处罚的情节。"从重"和"从轻"都是在法定刑幅度之内判处刑罚,而"减轻"则是在法定刑幅度之下判处刑罚。例如,《中华人民共和国刑法》第二十九条规定:"教唆他人犯罪的,应当按照他在共同犯罪中所起的作用处罚。教唆不满18周岁的人犯罪的,应当从重处罚。如果被教唆的人没有犯被教唆的罪,对于教唆犯,可以从轻或者减轻处罚。"

(2)酌定情节,是刑法中没有明文规定,但是根据刑事立法精神和审判实践经验,人民法院在量刑时需要考虑的各种情况,主要包括犯罪动机、犯罪手段、犯罪时间和地点、侵害对象、损害后果、认罪态度等。

2. 主要量刑制度

主要量刑制度有累犯、自首、立功、数罪并罚、缓刑等制度。

(1)累犯。被判处有期徒刑以上刑罚的犯罪分子,刑罚执行完毕或者赦免以后,在五年以内再犯应当判处有期徒刑以上刑罚之罪的，是累犯，应当从重处罚。危害国家安全犯罪、恐怖活动犯罪、黑社会性质的组织犯罪的犯罪分子，在刑罚执行完毕或者赦免以后，在任何时候再犯上述任一类罪的，都以累犯论处。

（2）自首。犯罪以后自动投案，如实供述自己的罪行的，是自首。对于自首的犯罪分子，可以从轻或者减轻处罚。其中，犯罪较轻的，可以免除处罚。被采取强制措施的犯罪嫌疑人、被告人和正在服刑的罪犯，如实供述司法机关还未掌握的本人其他罪行的，以自首论。犯罪嫌疑人虽不具有前两款规定的自首情节，但是如实供述自己罪行的，可以从轻处罚；因其如实供述自己罪行，避免特别严重后果发生的，可以减轻处罚。

（3）立功。犯罪分子有揭发他人犯罪行为，查证属实的，或者提供重要线索，从而得以侦破其他案件等立功表现的，可以从轻或者减轻处罚；有重大立功表现的，可以减轻或者免除处罚。

（4）数罪并罚。这是指人民法院对一人在法定时间内所犯数罪，分别定罪量刑后，按照刑法规定的原则决定对其应当执行的刑罚的制度。如一人数罪中有死刑、有期徒刑，最终执行死刑。又如一人犯三个罪，一个罪判处八年，一个罪判处十年，另一个罪判处十五年，最终决定执行二十年。

（5）缓刑。人民法院对被判处拘役、三年以下有期徒刑的犯罪分子，根据犯罪分子的犯罪情节和悔罪表现，如果暂缓执行刑罚确实不致再危害社会的，规定一定的考验期，在考验期内如果遵守一定条件，原判刑罚就不再执行的一项制度。

3. 刑罚的执行

刑罚的执行，就是人民法院判决生效以后，判决有罪的，根据所判决刑罚的情况予以执行的阶段。无论是主刑还是附加刑，在法院判决后，就进入了执行阶段。

刑罚种类不同，执行单位也不同，具体如表4-1所示。

在执行过程中，犯罪分子遵守监规，接受教育和改造，确有悔改表现的，《中华人民共和国刑法》也对这样的情况做出了减刑和假释的规定。

表 4-1　刑罚种类及执行单位

刑罚种类	期限	执行单位
管制	三个月以上两年以下，数罪并罚不得超过三年	由司法局实行社区矫正
拘役	一个月以上六个月以下，数罪并罚不得超过一年	公安机关
有期徒刑	六个月以上十五年以下，数罪并罚不得超过二十年	监狱（剩余刑期三个月以下的，在看守所执行）
无期徒刑		监狱
死刑（犯罪的时候不满18周岁的人和审判时怀孕的妇女不适用死刑）		人民法院
罚金		人民法院
剥夺政治权利		公安机关
没收财产		人民法院
注：针对外国人，还有驱逐出境，由公安机关执行		

减刑和假释

1. 减刑

减刑是指对原判刑期适当减轻的一种刑法执行活动。《中华人民共和国刑法》规定，被判处管制、拘役、有期徒刑、无期徒刑的犯罪分子，在执行期间，如果认真遵守监规，接受教育改造，确有悔改表现的，或者有立功表现的，可以减刑。

2. 假释

假释是对被判处有期徒刑、无期徒刑的犯罪分子，在执行一定刑期之后，因其遵守监规，接受教育和改造，确有悔改表现，不致再危害社会，而附条件地将其予以提前释

放的制度。被假释的犯罪分子，在假释考验期间再犯新罪的，不构成累犯。

减刑和假释在刑法中是一项重要的刑罚执行制度，正确地适用假释，把那些在服刑期间确有悔改表现、没有必要继续关押改造的罪犯释放入社会继续改造，可以有效地鼓励犯罪分子服从教育和改造，使之早日复归社会，有利于化消极因素为积极因素。

请思考：假释是不是无罪释放？

练一练

1. 主刑中最轻的一种刑罚是（　　）。
   A．罚金　　　　　　　　　　B．管制
   C．拘役　　　　　　　　　　D．有期徒刑
2. 下列情形属于没收财产刑的是（　　）。
   A．甲某贩卖毒品 1 000 克被当场查获，对其 1 000 克毒品予以没收
   B．甲某是用自己的渔船组织偷越国（边）境，被法院予以没收
   C．甲某犯组织领导黑社会性质组织罪非法获利 400 万元，法院予以没收
   D．甲某犯贪污罪，法院没收属于其个人所有的全部财产

第四节　犯罪的种类

知识目标

了解刑法规定的十大类犯罪及生活中的常见犯罪。加强自身的法律意识，管理好自己的行为，既要保护自己，又要预防青少年犯罪。

思维导图

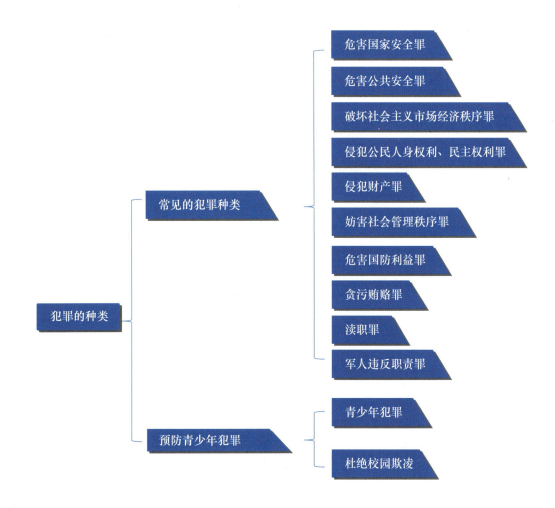

一、常见的犯罪种类

目前《中华人民共和国刑法》规定了十大类犯罪，这十大类犯罪如下：

1. 危害国家安全罪

危害国家安全罪，是指故意危害中华人民共和国国家安全的行为。

《中华人民共和国刑法》规定的危害国家安全罪具体包括背叛国家罪，分裂国家罪，煽动分裂国家罪，武装叛乱、暴乱罪，颠覆国家政权罪，煽动颠覆国家政权罪，资助危害国家安全犯罪活动罪，投敌叛变罪，叛逃罪，间谍罪，为境外窃取、刺探、收买、非法提供国家秘密、情报罪，资敌罪。

2. 危害公共安全罪

《中华人民共和国刑法》规定的危害公共安全罪具体包括放火罪、决水罪、爆炸罪、投毒罪、交通肇事罪、破坏交通工具罪、失火罪、过失决水罪、过失爆炸罪、过失投毒罪、破坏交通设施罪。

3. 破坏社会主义市场经济秩序罪

《中华人民共和国刑法》规定的破坏社会主义市场经济秩序罪，具体又分为八类。
（1）生产、销售伪劣商品罪。
（2）走私罪。
（3）妨害对公司、企业的管理秩序罪。
（4）破坏金融管理秩序罪。
（5）金融诈骗罪。
（6）危害税收征管罪。
（7）侵犯知识产权罪。
（8）扰乱市场秩序罪。

4. 侵犯公民人身权利、民主权利罪

侵犯公民人身权利、民主权利罪是指故意或者过失地侵犯公民人身权利、民主权利的行为。

《中华人民共和国刑法》规定的侵犯公民人身权利、民主权利罪具体包括故意杀人罪、故意伤害罪、强奸罪、奸淫幼女罪、强制职工劳动罪、过失致人死亡罪、过失致人重伤罪、拐卖妇女儿童罪、非法侵入住宅罪。

5. 侵犯财产罪

侵犯财产罪是指故意非法占有、挪用公私财物，或者故意毁坏公私财物，破坏生产经营的行为。

《中华人民共和国刑法》规定的侵犯财产罪具体包括盗窃罪、诈骗罪、抢夺罪、侵占罪、聚众哄抢罪、挪用特定款物罪、职务侵占罪、挪用资金罪、设施勒索罪、抢劫

罪、故意毁坏财物罪、破坏生产经营罪。

6. 妨害社会管理秩序罪

妨害社会管理秩序罪是指妨害国家机关的社会管理活动，破坏社会正常秩序，情节严重的行为。

《中华人民共和国刑法》规定的妨害社会管理秩序罪，具体又分为九类。

（1）扰乱公共秩序罪。

（2）妨害司法罪。

（3）妨害国（边）境管理罪。

（4）妨害文物管理罪。

（5）危害公共卫生罪。

（6）破坏环境资源保护罪。

（7）走私、贩卖、运输、制造毒品罪。

（8）组织、强迫、引诱、容留、介绍卖淫罪。

（9）制作、贩卖、传播淫秽物品罪。

7. 危害国防利益罪

危害国防利益罪是指违反国防法律法规，拒不履行国防义务或以其他形式危害国防利益，依法应受刑罚处罚的行为。

8. 贪污贿赂罪

贪污贿赂罪是指国家工作人员利用职务上的便利，非法占有、挪用公共财物以及损害国家工作人员职务廉洁性的行为。

9. 渎职罪

渎职罪是指国家机关工作人员违背公务职责，滥用职权、玩忽职守或者徇私舞弊，妨害国家机关正常职能活动，致使国家和人民利益遭受严重损失的行为。

《中华人民共和国刑法》规定的渎职罪具体包括滥用职权罪、玩忽职守罪、徇私枉法罪、枉法裁判罪、环境监管失职罪、放纵走私罪、商检失职罪、国家机关工作人员签

订合同失职罪、动植物检疫徇私舞弊罪。

10．军人违反职责罪

军人违反职责罪是指军人违反职责，危害国家军事利益，依照法律应当受刑罚处罚的行为。

这十大类罪涉及国家、社会、人民层面的保护。

在日常生活中，常见的犯罪有危险驾驶罪，故意伤害罪，非法吸收公众存款罪，集资诈骗罪，盗窃罪，抢劫罪、走私、贩卖、运输、制造毒品罪等。关于这些常见犯罪，最高人民法院有专门的量刑指导意见。比如，危险驾驶罪，《最高人民法院关于常见犯罪的量刑指导意见（二）》规定："构成危险驾驶罪的，可以在一至二个月拘役幅度内确定量刑起点。在量刑起点的基础上，可以根据危险驾驶行为等其他影响犯罪构成的犯罪事实增加刑罚量，确定基准刑。对于醉酒驾驶机动车的被告人，应当综合考虑被告人的醉酒程度、机动车类型、车辆行驶道路、行车速度、是否造成实际损害以及认罪悔罪等情况，准确定罪量刑。对于情节显著轻微危害不大的，不予定罪处罚；犯罪情节轻微不需要判处刑罚的，可以免予刑事处罚。"

> **法律名言**
>
> 天网恢恢，疏而不失。
>
> ——老子《道德经》

想一想

张甲为某公交集团司机。某日，乘客何某欲到桥东站下车，因低头看手机未听到车上广播报站。何某在公交车开出桥东站500米后才发现已过站，遂要求张甲停车。张甲以公司有规定不能在非站点位置停车为由拒绝，何某遂谩骂张甲，张甲未予理睬，何某越骂越激动，用手中挎包多次击打张甲头部，导致张甲身子侧倾方向盘失控，公交车撞上护栏，车损1 000元，无人员伤亡。

想一想：何某谩骂、殴打公交车司机的行为是否构成犯罪？如果是，构成何种犯罪？

二、预防青少年犯罪

1. 青少年犯罪

根据公安部门的统计标准,青少年的年龄界限定在15～25周岁。它既包括一部分18周岁以下的未成年人(法学界关于青少年犯罪是界定于此年龄段);也包括一部分18～25周岁的已成年人(统计青少年犯罪率即界定于13～25周岁)。

青少年是社会中的一个特殊群体,身心发育正处于由不成熟到成熟的特殊时期。在这一时期,他们的身体迅速走向成熟,而心理发展却慢于身体的生长,形成了一个割裂带,就容易形成出风头、占上风的孤傲心理,这个年龄阶段犯罪在总犯罪中的比例不小。近年来,这个比例在逐渐减少。"少年强,则国强。少年兴,则国兴。"作为新时期的青少年,应该担负起自己的责任,遵纪守法,远离犯罪,提高自己的专业技能和思想道德水平,履行自己的义务,为国家做出贡献。

在未成年人犯罪中初中生、小学生和高中生的比例较高。近几年还出现犯罪低年龄化等趋势。

作为中职生,应当如何管理好自己呢?这就需要在平时养成良好的品行,从点点滴滴做起。"小时偷针,长大偷金。"言谈举止需要从小注意,小时沾染上小毛病,一旦量变积累到一定程度就会成为质变,长大就有可能发展成触犯刑律的罪犯。所以中职业要时刻提醒自己,让自己的行为符合法律规范的要求,具有良好的品行,守住法律的底线。

知识链接

不良行为和严重不良行为

为了预防青少年特别是未成年人犯罪,我国制定了《中华人民共和国预防未成年人犯罪法》。

本法第十四条规定,未成年人的父母或者其他监护人和学校应当教育未成年人不得有下列不良行为:

（1）旷课、夜不归宿；

（2）携带管制刀具；

（3）打架斗殴、辱骂他人；

（4）强行向他人索要财物；

（5）偷窃、故意毁坏财物；

（6）参与赌博或者变相赌博；

（7）观看、收听色情、淫秽的音像制品、读物等；

（8）进入法律、法规规定未成年人不适宜进入的营业性歌舞厅等场所；

（9）其他严重违背社会公德的不良行为。

本法第三十四条规定，本法所称"严重不良行为"是指下列严重危害社会，尚不够刑事处罚的违法行为：

（1）纠集他人结伙滋事，扰乱治安；

（2）携带管制刀具，屡教不改；

（3）多次拦截殴打他人或者强行索要他人财物；

（4）传播淫秽的读物或者音像制品等；

（5）进行淫乱或者色情、卖淫活动；

（6）多次偷窃；

（7）参与赌博，屡教不改；

（8）吸食、注射毒品；

（9）其他严重危害社会的行为。

未成年人有本法规定严重不良行为，构成违反治安管理行为的，由公安机关依法予以治安处罚。因不满14周岁或者情节特别轻微免予处罚的，可以予以训诫。未成年人因不满16周岁不予刑事处罚的，责令其父母或者其他监护人严加管教；在必要的时候，也可以由政府依法收容教养。

所以，未成年人应当遵守法律、法规及社会公共道德规范，树立自尊、自律、自强意识，增强辨别是非和自我保护的能力，自觉抵制各种不良行为及违法犯罪行为的引诱和侵害。

> 想一想
>
> 想一想：你有上述这些不良行为吗？如果有，请及时改正。

2. 杜绝校园欺凌

校园欺凌这个问题，近几年越来越被重视，很多反映此类事件的电影也直击人心。《悲伤逆流成河》《少年的你》等让很多人认识到了这个问题的严重性。校园欺凌是指同学间一方（个体或群体）单次或多次蓄意或恶意通过肢体、语言及网络等手段实施欺负、侮辱，造成另一方（个体或群体）身体伤害、财产损失或精神损害等的事件。校园暴力案件统计如图4-2所示。

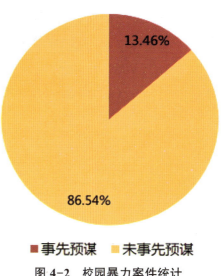

图4-2 校园暴力案件统计

校园欺凌多发生在中小学，分为单人实施的暴力、少数人数暴力和多人实施暴力。实施环境地区多为校园周边或人少僻静处。被欺凌者会出现心理问题，影响心理健康，甚至影响人格的发展。

校园欺凌的形式有如下几种：

（1）肢体欺凌。推撞、拳打脚踢以及抢夺财物等，是容易察觉的欺凌形式。

（2）言语欺凌。当众嘲笑、辱骂以及给别人取侮辱性绰号等，是不容易察觉的欺凌形式。

（3）社交欺凌。孤立、排斥以及令其身边没有朋友等，是不容易察觉的欺凌形式。

（4）网络欺凌。在网络上发表对受害者不利的网络言论、曝光隐私以及恶搞受害者的照片等，是容易察觉的欺凌形式。

长期欺凌对被欺凌者造成的身心影响有恐惧、消沉抑郁、创伤后遗症、忧虑、胃痛、吸毒、酗酒、自残、自杀，有可能自己也成为欺凌者等。

根据中国司法大数据研究院的数据报告，五成校园暴力案件因琐事而起。有时仅是一句口角之争，有时是看别人不顺眼，最终造成了不可收拾的局面。校园暴力成因如图4-3所示。

通过对校园内教室、宿舍等场所进行词频分析发现，有35.31%的校园暴力案件中出现了宿舍一词，而在这些案件中绝大部分案件的案发地就是宿舍。在校园暴力案件中，超八成案件为无预谋的突发性冲突犯罪，而近七成涉故意杀人罪案件为预谋犯罪。

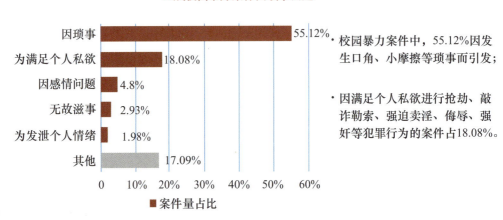

图 4-3　校园暴力成因

"己所不欲，勿施于人""勿以恶小而为之"。这些古训都在告诉我们要换位思考，这是尊重他人、平等待人的体现。

有些同学认为"我只不过是给他取了个外号嘛""我只是跟他开个玩笑而已"，其实不然，起污辱性绰号、开过分的玩笑会给同学的心理造成很大伤害，都属于校园欺凌。

那么，遭遇校园欺凌该怎么办？

首先，如果发生了校园欺凌，要及时勇敢地告知自己的父母、教师等。如欺凌者是谁，他们具体做了什么，在哪里，什么时候，持续多久了，对自己造成了怎样的困扰。当觉得欺凌已经威胁到自己的人身安全时，必须说出来！不要等到别人询问才被动告知。

其次，不要不好意思开口或认为"讲了也没有用"，一个人觉得迈不过去的坎，可能在与别人进行交流后，就会柳暗花明了。如果遭遇很严重的伤害，而父母和教师也很难保护你或帮助你解决，那么还可以向其他方面如新闻媒体、司法机关等求助。目前，国务院和教育部门都已下文要求制止校园欺凌，学生在遭遇欺凌时应当及时反映，一定会得到支持与帮助的。

对于其他学生而言，如果遇到校园欺凌的情况，也不要因为欺负的不是自己或者因为害怕欺凌者而采取"事不关己高高挂起"的态度，要及时制止并想办法告诉教师和家长或者及时报警。

> **想一想**
>
> 某公安局门口挂着一个横幅,上面写着"不要打架,打赢坐牢,打输住院"。想一想:你是怎么理解这句话的?遇到问题时,应该如何控制自己的情绪?

练一练

当看到同学之间有欺凌现象时,你应该怎么做?

第五章 行政法

第一节 行政法概述

知识目标

要求了解行政与行政法的概念，理解行政法的基本原则、行政法律关系。

思维导图

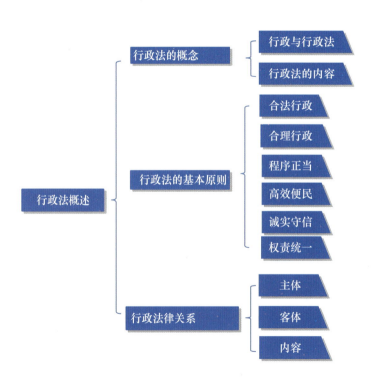

一、行政法的概念

1. 行政与行政法

一个公民,从出生时的户籍登记,到结婚时的婚姻登记,再到死亡后的死亡证明,我们创设公司需要工商登记,参加工作要办理社会保险,没有一项不是行政机关的管理内容。可以说,人们的生活无时无刻不处于政府的行政管理中。

在我国,"行政"一词产生于先秦时期。《左传》中就有"行其政事""行其政令"的提法,《孟子》中也提到"为民父母,行政,不免于率兽而食人,恶在其为民父母?"此处的"行政"是泛指对国家事务的一切管理活动。

西方"行政"一词,是经营、管理及执行的意思。行政通常可分为国家的行政和其他社会组织的行政。前者在西方又称为"公共行政",后者一般称为"私人行政"。例如,在日常生活中,股份有限公司组织机构里的首席执行官被简称为CEO(Chief Executive Officer),其意就是私人行政。行政法中的行政指的是前者,即国家事务的行政。近代意义上的行政是国家权力分立的产物。行政是与立法、司法等国家权力相区别而言的,三者共同形成国家权力,由不同机关执掌。行政权是由各级行政机关执行法律、管理国家和社会公共事务的权力。

行政与行政法关系至为密切,现代国家的行政管理活动都必须依法进行。

行政法是调整国家行政权运行过程中发生和形成的社会关系的法律规范的总称。具体而言,行政法是对行政活动过程(特别是行政权力运行过程)加以规范、监督与补救,调整行政与监督行政的主体及其行为所形成的社会关系的有关法律规范和原则的总称。它通过对行政权主体、行政权内容、行政权行使以及行政权法律后果的规范来保障公民权利。

行政法的目的是多方面的,其基本或主要的目的在于以下几个方面:通过制度化、规范化的方式保障行政权力的合理分配,使行政目的得以有效实现;保障公共产品或公共服务公平有效地供给,使社会成员的合理需求得到有效满足;保障国民的合法、正当权益不受公共行政的侵害,行政权力正确行使,不被滥用或者误用。

2. 行政法的内容

行政法的内容主要包括三个部分。

（1）组织法，即有关行政组织的职能、组织、编制、法律地位，以及行政公务人员管理方面的法律制度，如《中华人民共和国国务院组织法》《中华人民共和国地方各级人民代表大会和地方各级人民政府组织法》《国务院行政机构设置和编制管理条例》《中华人民共和国公务员法》等。

（2）行为法，即有关行政组织做出行政行为的实体和程序方面的法律制度，如《中华人民共和国行政许可法》《中华人民共和国行政处罚法》《中华人民共和国行政强制法》等。

（3）争议与救济法，即解决由于行政活动而引起的争议并对因行政活动遭受损害的人提供救济的法律制度，如《中华人民共和国行政诉讼法》《中华人民共和国行政复议法》《中华人民共和国国家赔偿法》等。

行政法的法律渊源在各部门法中最为复杂丰富。包括法律、行政法规、地方性法规、行政规章、法律解释、国际条约和协议在内，都可能包含用于调整行政法律关系的原则和规范，只不过在效力等级上有所不同，因此它们都是行政法的法律渊源。司法解释虽然不是正式的法律渊源，但在事实上发挥着接近于法律的效力。

法律名言

法者，天下之程式，万事之仪表。

——管仲

二、行政法的基本原则

行政法的基本原则是指贯穿于各种行政法规范中、反映行政法本质的共同性规则，它们既是行政机关实施行政管理活动必须遵循的基本准则，也是有权机关对行政活动加以审查、评判时所秉持的基本标准。2004 年，国务院印发的《全面推进依法行政实施纲要》较为详尽地提出了行政活动的基本原则，包括合法行政、合理行政、程序正当、高效便民、诚实守信、权责统一六项。

1. 合法行政

合法行政是行政法的首要原则，其含义包括以下三个方面：

（1）行政活动必须遵循现有法律的规定，包括：①行政机关制定的规则（行政法规、行政规章等），不得与法律相抵触；②行政机关实施行政管理，应当有法律上的依据并按照法律的规定进行；③对于法律所规定的义务与职责，行政机关应当积极有效地履行。一言以蔽之，法律优先的核心是"法已规定者不可违"。

（2）行政活动应当在法律授权的范围内进行，包括：①只能由法律规定的事项，行政机关除非获得授权，否则不得做出任何规定；②在没有法律文件授权的情况下，行政机关不得做出影响公民、法人或其他组织权利义务的行为。一言以蔽之，法律保留的核心是"法无授权者不可为"。在私法上，对个人而言，法无禁止即自由；而在公法上，对政府而言，法无授权即禁止。两者截然不同。

（3）行政行为违反法律规定构成行政违法的，须承担相应的行政法律责任。如果行政权力的存在和行使没有法律依据或者超越法律规定的范围，或者违反法定程序，都构成违法，该行政行为应该确认无效或者予以撤销，并依法追究责任主体的行政责任。

> **想一想**
>
> 为发展经济，提高农民收入，某镇政府要求全镇村民一律砍掉果树改种茶树。
> 想一想：这样的行为是否符合合法行政的原则？

2. 合理行政

合理行政是指所有行政活动，尤其是行政机关根据其自由裁量权做出的活动，都必须符合人的基本理性。合法行政强调的是形式正义，合理行政则属于实质行政法治的范畴。这一原则的含义包括如下三个方面：

（1）公平公正对待。行政机关在实施行政管理时应当平等对待当事人，做到不偏私、不歧视。

（2）考虑相关因素，排除无关因素。即行政机关在实施活动时，必须考虑也只能考虑符合立法目的的各种因素，不得考虑无关因素而影响其决定。

（3）符合适当比例。比例原则是合理行政中的主要内容，解决的是行政手段与行

政目的之间的关系，行政机关采取的手段应当有助于实现行政目的；在可以实现行政目的的各种手段中，应当选择对当事人影响最小的手段；行政活动所取得的收益与所付出的成本之间不能显失均衡。

行政主体在行政行为中拥有一定的自由裁量权。行政自由裁量权是国家赋予行政机关在法律法规规定的幅度和范围内所享有的一定选择余地的处置权力，是行政权力的重要组成部分，是行政主体提高行政效率所必需的权限，也是现代行政的必然要求，行政机关可以在各种可能采取的行动方针中选择，根据行政机关的判断采取某种行动。另外，也可能是执行任务的方法、时间、地点或侧重面，包括不采取行动的决定在内。

阅读与思考

李某是个体工商户，其出售的自制蛋糕未经过有关部门的检验，这一行为被某工商所查获。根据《个体饮食业监督管理办法（试行）》的规定，应对此类违法行为予以警告并没收违禁食品和违法所得，并处以违法所得1倍以上5倍以下罚款；没有违法所得的，处以1万元以下罚款；情节严重的，可责令停业整顿或者吊销其营业执照。在工商所查获前李某出售蛋糕共获利590元。根据上述有关规定，工商所没收了李某尚未出售的蛋糕并没收其违法所得590元。工商所认为，李某曾因伤害罪被判刑3年，1年前刚出狱，因此要重罚，于是又对李某处以1 500元罚款。

请思考：工商所对李某的违法行为行使的行政处罚是否合法适当？是否符合行政法的合理行政原则？

3．程序正当

程序正当，就是要求行政活动要符合最低限度的正当要求。这一原则带有明显的自然公正色彩，其内容在实定法上的确认，是逐步实现的。目前，我国行政法上公认的正当程序主要有以下三个方面：

（1）公开。即行政活动的依据、过程和结果应当公开，以实现公众的知情权。当然，涉及国家秘密和依法受保护的商业秘密、个人隐私除外。

（2）参与。即行政机关做出重要的规定或决定时应当听取公众意见，尤其是应当听取利害关系人的陈述、申辩。

（3）中立。这就要求行政机关及其工作人员在可能影响其行为中立的场合，应当回避。例如，决定罚款的公务人员不能自己收缴罚款；公务人员履行职责时与管理事项存在利害关系，应当回避；在行政程序中参与了调查工作的公务人员，在听证程序中不能充任主持人，以避免出现先入为主的情况。

4. 高效便民

高效便民是针对行政活动的效率所提出的要求，它既是行政管理的原则，也是行政法的原则。其内涵如下：

（1）行政效率。行政机关应当积极、迅速、及时地履行其职责、实现其职能，行政法上的种种期限、时效制度就是这一要求的集中体现。简化行政机关内部办事流程是行政效率原则的体现。

（2）便利当事人。即行政机关应当尽可能减少当事人的程序性负担，节约当事人的办事成本。例如，行政许可中的集中办理、统一办理、联合办理制度，允许以电信电子方式申请许可、申请复议的制度，口头申请信息公开等制度。

阅读与思考

2020年3月，杭州市政府新型亲清政商关系数字平台——亲清在线正式上线，享受首单兑现到账的是云栖小镇企业绿城物业第四分公司的员工洪丽青。从送码、确认再到到账，一共不到2分钟便享受到了企业员工租房补贴政策。看到以杭州市政府为名的账户如此快捷地兑现了500元住房补贴，洪丽青很激动，连说了三个"没想到"。"没想到政府的政策这么好，没想到兑现的速度这么快，没想到兑现的形式这么好。"她感慨道："过去，政府部门离自己很遥远，而现在就在身边，没有层层的申报和审批，自己该享受到的政策补贴清清楚楚。"据悉，从"亲清在线"数字平台上线不到半个小时，已有2 700人拿到了补贴。

请思考：信息化的电子政务与传统行政模式相比有哪些优势？

5. 诚实守信

行政法上的诚实守信原则与民法上的这一原则，名称相同，内涵有别。民法上的诚

实守信是对民事活动双方的要求，行政法上的这一原则却只针对行政机关提出，其内涵如下：

（1）信息真实。行政机关公布的信息应当全面、准确、真实，政府基于任何原因向公众发布虚假信息都是违法的。

（2）信赖利益。指的是行政机关的规定或决定一旦做出，就不能轻易改变或撤销，如果确因国家利益、公共利益、法律修改、情势变更等事由而必须改变它们时，除了要有充分的法律依据并遵循法定程序之外，还应当给予权益受损的人以一定赔偿、补偿，或采取补救措施。

相关案例

2014年9月，山西某县政府发布《发展畜牧经济拓宽致富通道》的相关文件，提出政府发放资金扶持，从财政预算列出专项畜牧业资金，用于养殖户补贴、龙头企业贷款贴息等。2016年6月，县委常委会召开会议，决定开展封山禁牧专项行动。全县摸底发现共有散养山羊27 000余只，该县多户山羊、绵羊养殖散户接到通知，政府要求限期10天内把羊卖掉，否则就把羊拉走，还要罚款。突如其来的"卖羊令"让农户难以接受。迫于压力，他们有的把羊贱价卖给羊贩子，有的则赶着羊群、拖家带口离开该县，等待羊价上涨再卖出。朝令夕改的现象使一向遵纪守法的公民失去了方向感，也使政府的公信力大大降低。

6. 权责统一

权责统一，即行政机关既应被赋予实现管理职能的权限和手段，也应承担因违法或不当履行职能所引发的责任。其含义如下：

（1）行政效能。为了保证行政目标的顺利实现，法律应当赋予行政机关必要的管理权限和执法手段，行政机关应当通过这些手段的运用排除其在职能实现过程中遭遇的障碍。

（2）行政责任。行政机关违法或不当行使职权时，应当依法承担责任，主要是国家赔偿责任。

权责统一原则的内涵也可以概括为：执法有保障、有权必有责、用权受监督、违法受追究、侵权须赔偿。

三、行政法律关系

行政法律关系是指由行政法规范所调整，并由国家强制力保障实施的行政关系。就行政关系与行政法律关系的关系来说，凡是涉及权利、义务的行政关系，都应当通过法律加以规范，这是行政法的一个基本要求。当然，行政关系不可能也没必要都转化成行政法律关系。在现代行政管理过程中，因行政指导、行政建议、行政咨询等形成的行政关系，固然产生于行政活动过程中，但由于其不具有权利、义务内容，故不宜上升为行政法律关系。行政法律关系由行政法律关系的主体、客体、内容等要素构成。

1. 行政法律关系的主体

行政法律关系的主体，又称行政法主体，指行政法权利（职权）、义务（职责）的承担者。行政法律关系的主体由行政主体和行政相对人构成。

（1）行政主体。行政主体是指参加行政法律关系，依法拥有行政职权，能以自己的名义独立行使职权，承担法律责任的国家行政机关及其授权的社会组织。我国的行政主体包括作为职权行政主体的国家行政机关和作为授权行政主体的被授权组织。公务员和受委托组织不是行政主体。

（2）行政相对人。行政相对人是指在行政法律关系中与行政主体相对应，处于被管理和被支配地位的机关组织或个人。在我国，行政相对人主要有以下几种：公民、法人、不具有法人资格的其他组织、外国组织和个人等。

例如，甲将乙打伤，公安机关对甲做出行政拘留10天的处罚，公安机关是这一事件中的行政主体，甲是行政相对人，直接受到行政处罚的影响。

2. 行政法律关系的客体

行政法律关系的客体，是指行政法律关系参加者的权利、义务所指向的对象。行政法律关系客体的范围非常广泛，大概可分为如下三种：

（1）物，是指一定的物质财富，如土地、房屋、森林、交通工具等。

（2）智力成果，是指一定形式的智力成果，如著作、发明、专利等。

（3）行为，是指行政法律关系主体为一定目的的有意识的、有目的的活动，如交通肇事、打架斗殴等。

3．行政法律关系的内容

行政法律关系的内容，是指行政法上的权利（职权）和义务（职责）。行政法律关系的内容还包括引起法律关系变动的原因和事实等，但其核心是权利（职权）和义务（职责）。

练一练

1．下列选项中，（ ）是行政主体。

　　A．中共某市委　　B．某镇政府　　C．某省政协　　D．省政法委

2．某年春节前一天，王老太和老伴到家附近的超市购物。老伴到收银台付钱，王老太在收银台货架上拿了一盒巧克力（价值20元）忘记付钱就走出超市，被超市保安发现并拦下，保安说："我们超市有规定，偷一罚十，你们必须交完罚款才能离开超市。"王老太解释说自己是忘记付钱了并不是有意的，但超市保安不听解释，强制要求王老太交罚款，王老太只好交了200元罚款。离开时，超市保安说了句："有钱买，就不要偷"。李老太非常生气，自己只是无心之过，却被说成偷窃。回到家后，茶饭不香，夜不能寐，春节也没有过好。

思考：超市是行政主体吗？判断行政主体的标准是什么？超市设置和实施"偷一罚十"的规定是行政行为吗？王老太可以向哪个部门投诉？

第二节　行政行为

知识目标

要求了解行政行为的概念、特征、内容、效力、分类等，理解抽象行政行为与具体行政行为。

思维导图

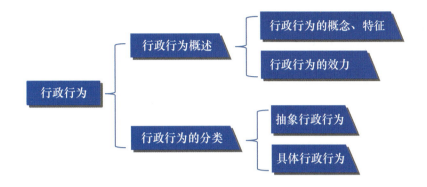

一、行政行为概述

1. 行政行为的概念、特征

行政行为是行政法律行为的简称，指国家行政机关或其他行政主体依法实施行政管理，直接或间接产生法律效果的行为。行政行为既包括合法的行政行为，也包括违法的行政行为和无效的行政行为，对违法的行政行为相对人有权依法对之申请行政复议、提起行政诉讼甚至要求行政赔偿。

为了处理各种纷繁复杂的社会事务，在任何国家，政府都比立法机关和司法机关拥有更多体制上的实力优势，比如政府可以灵活变通其管理方法和手段应对其所面临的难题。行政行为的这种巨大潜能在产生高效率的同时，也隐藏着对其他价值的威胁，因此我们需要对行政行为予以控制。

2. 行政行为的效力

行政行为的效力是指已成立的行政行为所能够产生的对社会、行政主体及行政相对人的一种法律上的约束力。一般而言，行政行为的效力包括四个方面的内容，即公定力、确定力、约束力和执行力。

（1）公定力是指行政行为一经成立，无论其是否合法，即具有被推定为合法有效而要求所有组织与个人予以尊重的一种法律效力。

（2）确定力是指已成立的行政行为具有的不受任意改变的法律效力。

法律基础知识

（3）拘束力是指行政行为具有法律规定的或行政机关所决定的法律效果，行政机关和行政相对人都必须尊重并遵守之。行政机关有执行所做出行政行为的义务；行政相对人也不得拖延履行行政行为所规定的义务。

（4）执行力是指行政行为生效后，行政主体有权采取相应措施，使行政行为的内容得以实现的效力。当行政相对人不履行其法定义务时，行政机关可依法强制其履行。这种行政强制执行是行政机关依职权行使行政权力的一种形式，需要事先得到法院的判决。

知识链接

行政事实行为

与法律行为对应的概念就是事实行为，在行政法上就是行政事实行为。行政事实行为，是指由行政主体实施，但不直接产生法律效果或其产生的法律效果与行政主体的意思表示无关的行为。例如，交通部门为管理交通秩序安装了交通信号灯等交通设施，这种行为就没有产生法律效果，要等到其实施了交通管理行为才会产生法律效果。

二、行政行为的分类

行政行为以对象是否特定为标准，可分为抽象行政行为和具体行政行为。

1. 抽象行政行为

抽象行政行为，是指行政主体制定具有普遍适用力、适用于不特定对象、可以反复适用的规范性文件的行为，包括制定行政法规、行政规章和一般行政规范性文件，如发布具有普遍约束力的命令、决定、指示、公告、通告等。其中，制定行政法规、行政规章的行为也称为行政立法行为。

抽象行政行为最突出的特点在于，行政主体在制定这些文件时，对其适用对象尚不确定。只有通过这些文件的具体执行，其每次执行的对象才是确定的。

2. 具体行政行为

具体行政行为，是指行政主体在行政管理活动中行使行政职权，针对特定的行政相对人就特定的具体事项，做出的引起相对人权利义务产生、变更和终止的单方行为。具体行政行为是行政法上最重要的概念，在行政争议和救济制度中尤其具有关键意义。

具体行政行为包括行政许可、行政奖励、行政救助、行政处罚、行政强制、行政确权、行政救济等多个种类。

> **想一想**
>
> 某市原有甲、乙、丙、丁四家定点屠宰场，营业执照、卫生许可证、屠宰许可证等证照齐全。1997年，国务院发布《生猪屠宰管理条例》，该市政府根据其中确认并颁发定点屠宰标志牌的规定发出通告，确定只给甲发放标志牌。据此，市工商局将乙、丙、丁三家营业执照吊销，卫生局也将卫生许可证吊销。乙、丙、丁三家对此不服，找到市政府。市政府称通告属于抽象行政行为，需遵守执行。三家屠宰场遂提起行政诉讼。
>
> 想一想：市政府的通告属于何种类型的行政行为？理由是什么？

抽象行政行为与具体行政行为的比较见表5-1。

表5-1 抽象行政行为与具体行政行为的比较

	抽象行政行为	具体行政行为
对象	针对不特定的人和不特定的事	特定的人和特定的事
效力范围	普遍约束力	效力仅限于该行为所指的特定行政相对人
能否反复适用	反复适用	一次有效
发生效力的时间	法律效力及于未来发生的事项，一般不溯及既往	针对以往发生过或正在发生着的事项
在行政管理中发挥的作用不同	在行政管理中为行政相对人规定权利义务	实现权利义务
监督途径不同	行政复议机关审查抽象行政行为的合法性原则	人民法院审查具体行政行为是否合法

练一练

1. 下列行为属于抽象行政行为的是（　　）。

　　A．省公路局关于高速公路收费的通知

B．县级人民政府发布的规范性文件

C．某区政府对新华小区房屋拆迁所做出的行政决定

D．市工商局批准某有限责任公司设立申请的行为

2．甲地A公司将3辆进口汽车卖给乙地B公司，B公司在将它们运回期间受到乙地工商局查处。工商局以A公司无进口汽车证明，B公司无准运证从事非法销售运输为由，没收3辆进口汽车。A公司不服该决定，提起诉讼。下列哪项内容是本案受理法院的主要审查对象？（　　）

A．3辆进口汽车的所在地　　B．A公司销售行为的合法性

C．B公司购买运输行为的合法性　　D．工商局处罚决定的合法性

第三节　行政许可

知识目标

要求了解行政许可的相关知识，包括概念、分类、设定等。

思维导图

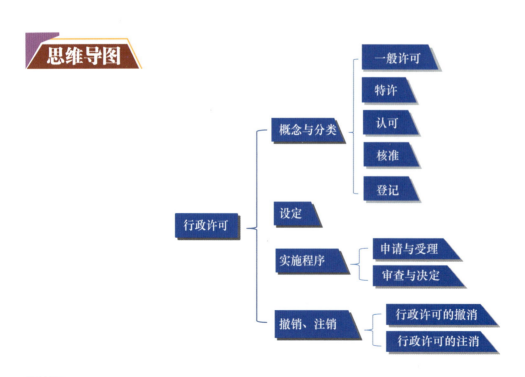

一、行政许可的概念与分类

行政许可是各国政府在国家行政管理中广泛采用的一种行政手段,也是行政法上一种最基本的具体行政行为。行政许可是指行政机关根据公民、法人或者其他组织的申请,经依法审查,准予其从事特定活动的行为。行政许可是一种赋权行为,是赋予行政相对人可以从事法律一般禁止的权利的资格。行政许可以一般禁止义务为前提,如持枪许可证是以法律禁止一般人持枪为前提的。

当前,规范我国行政许可制度的规范性文件是《中华人民共和国行政许可法》。该法由第十届全国人大常委会于 2003 年 8 月 27 日通过,自 2004 年 7 月 1 日起实施,是世界上第一部专门的行政许可法。

行政许可的主要表现形式是许可证,即由许可机关向申请人发放的一种证明性文书。从行政许可的性质、功能和适用条件的角度来说,行政许可大体可以划分为五类:一般许可、特许、认可、核准、登记。

1. 一般许可

一般许可是指直接涉及国家安全、公共安全、经济宏观调控、生态环境保护以及直接关系人身健康、生命财产安全等特定活动,需要按照法定条件予以批准的事项。一般许可在行政许可中占有较大比例,行政机关的职责是审查申请人在实施特定行为时是否可能危害公共利益或他人利益,以避免因行为人能力上的缺陷和瑕疵带来的危害,一般没有数量限制,只要申请人符合条件均能获得许可,如驾驶许可、营业许可,餐饮企业申请办理的卫生许可证等。

2. 特许

特许是指有限自然资源开发利用、公共资源配置以及直接关系公共利益的特定行业的市场准入等,需要赋予特定权利的事项。特许是行政机关代表国家向被许可人让渡某种资源权利的许可方式,这些资源权利在享有和使用上必然是排他的,因此特许一定有数量上的限制。为了保证公平,特许一般采用招标、拍卖等竞争性方式来实施。如采矿许可、烟草专卖许可、移动通信等经营权的许可。

3．认可

认可是指提供公众服务并且直接关系公共利益的职业、行业，需要确定具备特殊信誉、特殊条件或者特殊技能等资格、资质的事项。行政机关对申请人认可的结果，是确认了申请人的从业权，一般来说不应当有数量限制，但不排除它在一定时期、一定条件下实行阶段性的数量控制，如法律职业资格许可、医师执业许可等。

4．核准

核准是指直接关系公共安全、人身健康、生命财产安全的重要设备、设施、产品、物品，需要按照技术标准、技术规范，通过检验、检测、检疫等方式进行审定的事项。在核准事项中，行政机关所核实的是特定的设施、设备、产品、物品是否达到一定的技术标准，只要这些物品达到了有关标准，就应准予许可，不应有数量上的限制，如各种药品批文、各种产品合格证。

5．登记

登记是指企业或其他组织的设立等需要确定主体资格的事项。由于企业和各种组织的设立，均由法律法规设定了各种条件，而对于申请人是否具备这些条件的审查，就是通过各种登记来完成的。一般来讲，只要申请人具备了获得主体资格的条件，行政机关就必须给予登记，因此登记也没有数量限制，如工商营业执照。

二、行政许可的设定

为了从制度上防止作为公权力的行政许可对社会经济生活和公民个人生活的过度干预，行政许可法按照妥善处理政府与市场、政府与社会、公权力与私权利的关系，明确什么事项可以设定行政许可，什么情形可以不设定行政许可。

（1）依照《中华人民共和国行政许可法》第十二条的规定，可以设定行政许可的事项有如下几种：

①直接涉及国家安全、公共安全、经济宏观调控、生态环境保护以及直接关系人身健康、生命财产安全等特定活动，需要按照法定条件予以批准的事项。

②有限自然资源开发利用、公共资源配置以及直接关系公共利益的特定行业的市场准入等，需要赋予特定权利的事项。

③提供公共服务并且直接关系公共利益的职业、行业，需要确定具备特殊信誉、特殊条件或者特殊技能等资格、资质的事项。

④直接关系公共安全、人身健康、生命财产安全的重要设备、设施、产品、物品，需要按照技术标准、技术规范，通过检验、检测、检疫等方式进行审定的事项。

⑤企业或者其他组织的设立等需要确定主体资格的事项。

⑥法律、行政法规规定可以设定行政许可的其他事项。

（2）根据《中华人民共和国行政许可法》第十三条的规定，本法第十二条所列事项，通过下列方式能够予以规范的，可以不设定行政许可，从而使人们有更多的自主权：

①公民、法人或者其他组织能自主决定的。

②市场竞争机制能有效调节的。

③行业组织或中介机构能自律管理的。

④行政机关采用事后监督等其他行政管理方式能解决的。

关于行政许可的设定权，《中华人民共和国行政许可法》规定，只有全国人大及其常委会、国务院和省级地方人大及其常委会可以依法设定行政许可，省级人民政府可以依据法定条件设定临时性行政许可，其他国家机关（包括国务院各部门）均不得设定行政许可。

三、行政许可的实施程序

行政许可的实施程序，是指行政机关实施行政管理所必须遵循的法定的方式、步骤、顺序、形式，是实现行政行为正确合法的重要保证。根据《中华人民共和国行政许可法》的规定，行政许可的实施主要包括以下程序：申请与受理、审查与决定。

1. 申请与受理

公民、法人或者其他组织从事特定活动，依法需要取得行政许可的，应当向行政机关提出申请，如实向行政机关提交有关材料和反映真实情况，并对其申请材料实质内容的真实性负责。

2. 审查与决定

行政机关应当对申请人提交的申请材料进行审查。申请人提交的申请材料齐全、符合法定形式，行政机关能够当场做出决定的，应当当场做出书面的行政许可决定；不能当场做出行政许可决定的，应当在法定期限内按照规定程序做出行政许可决定。对申请人的行政许可申请进行审查后，行政机关应当依法做出准予行政许可或不予行政许可的书面决定。准予行政许可，需要颁发行政许可证件的，应当向申请人颁发相应的加盖本行政机关印章的行政许可证件。不予行政许可的，应当说明理由，并告知申请人享有依法申请行政复议或者提起行政诉讼的权利。

四、行政许可的撤销、注销

1. 行政许可的撤销

撤销行政许可的原因，在于许可行为实施的过程中存在违法行为，而这些违法行为的实施者既有可能是被许可人，也有可能是行政机关的工作人员。撤销许可的法律后果，是使原有的许可决定自其做出之日起完全丧失效力。因行政机关工作人员的违法行为而撤销许可的情况包括：①滥用职权、玩忽职守；②超越职权；③违反法定程序；④对不具备申请资格或者不符合法定条件的申请人准予许可；⑤法律规定的其他情形。被许可人以欺骗、贿赂等不正当手段取得行政许可的，应当予以撤销。被许可人基于行政许可取得的利益不受保护。依照上述规定撤销行政许可，可能对公共利益造成重大损害的，不予撤销。

> **想一想**
>
> 王某向某区教育局提交了"关于兴办幼儿园的申请报告"，并且提交了相关资料。根据该资料和报告，王某根本不符合《幼儿园管理条例》规定的开办幼儿园的申请条件，但是主管审批的工作人员李某和张某为图省事，批准了王某的申请。
>
> 想一想：
>
> （1）该项行政许可是否属于可以撤销的行政许可？为什么？
>
> （2）对该工作人员应如何处理？为什么？

2. 行政许可的注销

有下列情形之一的，行政主体应当依法办理有关行政许可的注销手续：①行政许可有效期届满未延续的；②赋予公民特定资格的行政许可，该公民死亡或者丧失行为能力的；③法人或者其他组织依法终止的；④行政许可依法被撤销、撤回，或者行政许可证件依法被吊销的；⑤因不可抗力导致行政许可事项无法实施的；⑥法律、法规规定的应当注销行政许可的其他情形。行政许可自注销之日起，不再生效。但行政许可的注销，效力不溯及既往，在注销日以前仍有效。

练一练

1. 下列行为属于行政许可的是（　　）。
    A. 企业法人登记　　　　　　B. 婚姻登记
    C. 税务登记　　　　　　　　D. 户口登记
2. 下列属于特许的是（　　）。
    A. 驾驶许可　　　　　　　　B. 营业许可
    C. 高中毕业证书　　　　　　D. 持枪许可

第四节　行政处罚和治安管理处罚法

知识目标

要求了解行政处罚的概念、基本原则、种类及实施过程；了解治安管理处罚法的概念，理解并掌握违反治安管理行为的几种类型及处罚种类；了解未成年人违反治安管理的处理。

思维导图

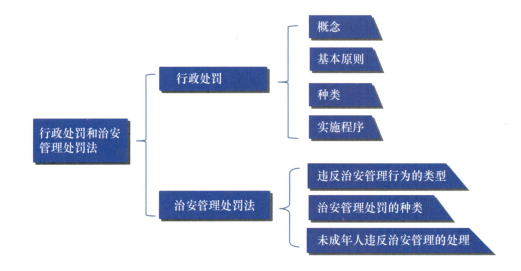

一、行政处罚

1. 行政处罚概念

行政处罚是指行政主体依照法定职权和程序对违反行政管理秩序但尚未构成犯罪的公民、法人或其他组织所给予的行政制裁。行政处罚是具体行政行为，是国家矫正违法行为的一种法律制度，其目的在于惩罚违法者的行政违法行为，使其不再重犯，从而促进和保证行政法律法规的实施。《中华人民共和国行政处罚法》于1996年3月17日在第八届全国人民大会第四次会议上通过，1996年10月1日起实施。该法统一了之前散见于法律法规中的有关行政处罚的内容，具体规范了行政处罚的主体、设定、种类等，保证行政处罚的公正与合理。

2. 行政处罚的基本原则

根据《中华人民共和国行政处罚法》的规定，行政处罚的运用和实施应当遵循下列基本原则：

（1）法定原则。这是依法行政原则在行政处罚中的具体体现和要求，是指行政处罚应有法律法规或者规章为依据，没有法定依据或者不遵守法定程序的，行政处罚无效。具体包含三个要求：实施处罚的主体必须是法定的行政主体，处罚的依据是法定的，行政处罚的程序合法。

（2）公正、公开原则。这是指行政主体设定和运用的行政处罚应当与违法的事实、性质、情节及社会危害相适应。所谓处罚公开，是指所有作为行政处罚依据的法律、法规和规章应当一律公布，凡未经公布的决定、规定，一律不得作为行政处罚的法律依据。

（3）处罚与教育相结合的原则。行政处罚是通过对违法者的惩戒来制止违法行为，弥补国家、社会、公民个人因此遭受的损失，以达到恢复社会正常秩序的目的，但这并不是行政处罚的唯一目的，更非最终目的。国家最终是要通过行政处罚使违法者形成自觉遵守法律的意识，从而停止侵害社会的行为。

（4）保障当事人权利的原则。这是指行政处罚中相对人对行政主体给予的行政处罚，享有获得法律救济的权利，包括陈述权、申辩权、申请行政复议权，提起行政诉讼及获得行政赔偿的权利等。

（5）一事不再罚原则。这是指对相对人的某一违法行为，不得给予两次以上同类（如罚款）处罚。或者说相对人的一个行为违反一种行政法规范时，只能由一个行政机关做出一次处罚。

3. 行政处罚的种类

《中华人民共和国行政处罚法》第九条明确规定的行政处罚的种类有七种。

（1）警告。

警告是指行政处罚主体对行政违法的当事人发出警诫，申明其行为违法，通过对其名誉、荣誉或信誉等施加影响，使其纠正违法、避免再犯的处罚形式。它在行政处罚中属于最为轻微的一种处罚形式。

（2）罚款。

罚款是指行政处罚主体依法强制违法行为人在一定期限内缴纳一定数额的金钱，并以此达到对行为人的惩戒的一种处罚方式。罚款是我国适用范围最广、裁量幅度最大的一种处罚形式。

（3）没收违法所得、没收非法财物。

没收违法所得、没收非法财物是指行政主体依法将当事人的部分或全部违法所得、

非法财物，无偿强制收归国有的一种处罚形式。其中，违法所得是指违法行为人通过违法手段获取的利益，如通过赌博、偷盗等非法手段获取的财物；非法财物则是指违法行为人用于从事违法活动的工具和物品以及法律命令禁止当事人拥有、收藏的物品。没收违法所得，不能涉及违法者的合法收入或财产。

（4）责令停产停业。

责令停产停业是指行政处罚主体强制违法行为人（主要是企业）在一定期限内停止从事生产经营活动，进行整改的处罚形式。

（5）暂扣或者吊销许可证或执照。

暂扣或吊销许可证或执照是指行政主体暂时扣留或者撤销违法行为人从事某种活动的资格证书，以限制或剥夺其从事该活动的权利或资格的处罚形式。

（6）行政拘留。

行政拘留是指公安机关对违反行政法律规范的自然人，在一定时限内限制其人身自由的一种行政处罚。行政拘留是我国行政处罚中最严厉的一种处罚形式，行政拘留的行政处罚只有全国人大及其常委会制定的法律可以设定。

（7）法律、行政法规规定的其他行政处罚。

知识链接

行政拘留不同于刑事拘留，后者是指公安机关在刑事侦查过程中对罪该逮捕的现行犯或有重大嫌疑的犯罪嫌疑人实施的一种司法强制措施。两者虽然都由公安机关做出，但有着本质的不同。刑事拘留属于国家司法作用的一部分，由刑事诉讼法规定，按司法程序实施。

4．行政处罚的实施程序

行政处罚的实施程序，分为一般程序、简易程序和听证程序。

一般程序适用于正常情况下的处罚案件，如果一个行政处罚案件既不符合简易程序，也不符合听证程序，则必定适用一般程序。一般程序包含三个主要环节：调查检查环节；决定环节；送达环节。

简易程序是一般程序的简单化，又称当场处罚程序，只适用于某些事实确凿、依据明确、程度较轻的处罚事项，原则上只适用于对公民处以 50 元以下罚款或警告、对法人或其他组织处以 1 000 元以下罚款或警告的处罚。当然，如果另有其他法律规定了特殊的使用条件，按照特别法优先的原则，应当使用其特殊规定。如《中华人民共和国道路交通安全法》规定，对于 200 元以下的交通罚款可使用简易程序。

听证程序是一般程序的复杂化，主要适用于对当事人损害程度较重的处罚。行政机关做出责令停产停业、吊销许可证或执照、较大数额罚款等行政处罚决定之前，应当告知当事人有要求举行听证的权利。

练一练

《中华人民共和国行政处罚法》规定，作为例外，行政机关及其执法人员可以当场收缴行政处罚罚款，但在（　　）情况下，当事人有权拒绝缴纳罚款。

A．依法给予 20 元以下的罚款处罚的

B．不当初收缴事后难以执行的

C．不出具省、自治区、直辖市财政部门统一制发的罚款收据的

D．不适用听证程序做出罚款处罚决定的

知识链接

《中华人民共和国行政处罚法》第四十九条规定：行政机关及其执法人员当场收缴罚款的，必须向当事人出具省、自治区、直辖市财政部门统一制发的罚款收据；不出具财政部门统一制发的罚款收据的，当事人有权拒绝缴纳罚款。

二、治安管理处罚法

治安管理处罚是一种行政处罚，是指公安机关依照治安管理法规对扰乱社会秩序，妨害公共安全，侵犯公民人身权利，侵犯公私财产，情节轻微尚不够刑事处罚的违法行为所实施的行政处罚。

1. 违反治安管理行为的类型

违反治安管理的行为五花八门，分散在社会生活的各个角落。根据《中华人民共和国治安管理处罚法》的规定，违反治安管理的行为有四大类：一是扰乱公共秩序的行为；二是妨害公共安全的行为；三是侵犯人身权利、财产权利的行为；四是妨害社会管理的行为。

（1）扰乱公共秩序的行为。

扰乱公共秩序的行为是指行为人故意以各种方法扰乱不特定多数人的生产、工作、教学、科研及生活秩序，违反国家治安管理法律规范，造成了一定后果，但情节轻微，尚不构成刑事处罚，应受到治安管理处罚的行为。包括扰乱工作秩序、交通秩序、公众场合的秩序、选举秩序的行为；扰乱文化、体育等大型群众性活动秩序的行为；散布谣言、投放虚假危险物质扰乱公共秩序的行为；结伙斗殴等寻衅滋事行为；利用迷信活动等扰乱社会秩序的行为；非法侵入、破坏计算机信息系统等行为。

相关案例

2015年3月25日12时30分许，公交车司机薛师傅驾驶20路公交车行驶至某市杏花岭区柳溪站时，有两名男子分别携带纸质箱子上车。对此，司机及安全员根据安全行驶工作要求，询问箱内是否携带易燃易爆物品时，其中一名乘客认为司机、安全员在故意刁难，直接回答说是"炸弹"，司机、安全员不得不立即报警。接警后，该市公安局直属第二分局治安二大队值班民警立即向分局110报告，分局领导高度重视，立即启动紧急应急程序，在向市局110报告的同时，迅速组织警力赶往现场，将声称携带炸弹的男子控制住，同时，与属地三桥派出所共同疏散车上乘客，设置警戒线防止周边群众受到伤害。

经调查，声称箱内有炸弹的违法行为人刘某和其同事马某为发泄不满，谎称携带炸弹，这是一种扰乱社会公共秩序的违法行为，不仅造成公交车无法正常运营，而且给广大乘客带来恐慌，该市公安局直属第二分局根据《中华人民共和国治安管理处罚法》第二十五条第一项的规定，给予刘某行政拘留5日的处罚。

知识链接

《中华人民共和国治安管理处罚法》第二十三条规定，有下列行为之一的，处警告或者200元以下罚款；情节较重的，处5日以上10日以下拘留，可以并处500元以下罚款：

（1）扰乱机关、团体、企业、事业单位秩序，致使工作、生产、营业、医疗、教学、科研不能正常进行，尚未造成严重损失的；

（2）扰乱车站、港口、码头、机场、商场、公园、展览馆或者其他公共场所秩序的；

（3）扰乱公共汽车、电车、火车、船舶、航空器或者其他公共交通工具上的秩序的；

（4）非法拦截或者强登、扒乘机动车、船舶、航空器以及其他交通工具，影响交通工具正常行驶的；

（5）破坏依法进行的选举秩序的。

聚众实施前款行为的，对首要分子处10日以上15日以下拘留，可以并处1 000元以下罚款。

（2）妨害公共安全的行为。

妨害公共安全的行为包括制造、买卖、运输、邮寄、携带、使用、提供、处置爆炸物、毒害性、放射性、腐蚀性物质或者传染病病原体等危险物质的行为；非法携带枪支、弹药等管制器具的行为；盗窃、损毁公共设施的行为；妨害航空设施、铁路设施的行为；妨害公共道路安全等行为。

相关案例

2018年5月14日晚，河南机场警方在开展"春雷"治安专项整治行动期间，发现一辆白色轿车形迹可疑，立即对该车和司机纪某展开盘查工作，从该车左前门内侧发现一把匕首，刀刃十分锋利，属于管制刀具，纪某对自己非法携带管制刀具的违法事实供认不讳。当晚，纪某因违法携带管制刀具被河南省公安厅机场公安局依法做出行政拘留5日的处罚。

法律基础知识

知识链接

《中华人民共和国治安管理处罚法》第三十二条规定，非法携带枪支、弹药或者弩、匕首等国家规定的管制器具的，处5日以下拘留，可以并处500元以下罚款；情节较轻的，处警告或者200元以下罚款。

非法携带枪支、弹药或者弩、匕首等国家规定的管制器具进入公共场所或者公共交通工具的，处5日以上10日以下拘留，可以并处500元以下罚款。

根据公安部关于管制刀具认定标准的规定，下列刀具可以被认定为管制刀具：

（1）匕首：带有刀柄、刀格和血槽，刀尖角度小于60度的单刃、多刃或双刃尖刀。

（2）三棱刮刀：具有三个刀刃的机械加工用的刀具。

（3）带有自锁装置的弹簧刀：刀身展开或弹出后，可被刀柄内的弹簧或卡锁固定自锁的折叠刀具。

（4）其他相类似的单刃、双刃、三刃尖刀：刀尖角度小于60度，刀身长度超过150毫米的各类单刃、双刃和多刃刀具。

（5）其他刀尖角度大于60度，刀身长度超过220毫米的各类单刃、双刃或多刃刀具。

另外，虽不在上述标准的规定的范围，但为实施违法犯罪而准备或携带，明显非生产生活所需的刀具，也可以认定为管制刀具。

对于管制刀具的材质，既可以是各种金属材质，也可以是陶瓷等非金属材质。

（3）侵犯人身权利、财产权利的行为。

侵犯人身权利、财产权利的行为，主要指侵犯公民人身权利、财产权利但是尚不构成犯罪，只适用治安管理处罚进行规范的行为，包括非法限制人身自由等行为；胁迫、诱骗或者利用他人乞讨等行为；写恐吓信、侮辱诽谤、诬告陷害；多次发送淫秽、侮辱恐吓或其他信息，干扰他人正常生活；偷窥偷拍、窃听、散布他人隐私的行为；殴打或故意伤害行为；猥亵他人或在公共场所故意裸露身体的行为；虐待家庭成员等行为。

相关案例

刘其某已超过70周岁，其与刘春某两家因宅基地纠纷发生厮打，刘春某侄子刘某得知后也参与了打斗，公安机关以双方存在互殴行为，刘某殴打60周岁以上的人，对其处10日拘留，并处500元罚款。因刘其某虽有殴打行为，但已经超过70周岁，对其做出拘留5日，不执行行政拘留的处罚。

知识链接

《中华人民共和国治安管理处罚法》第四十三条规定，殴打他人的，或者故意伤害他人身体的，处5日以上10日以下拘留，并处200元以上500元以下罚款；情节较轻的，处5日以下拘留或者500元以下罚款。

有下列情形之一的，处10日以上15日以下拘留，并处500元以上1 000元以下罚款：

（1）结伙殴打、伤害他人的；

（2）殴打、伤害残疾人、孕妇、不满14周岁的人或者60周岁以上的人的。

（4）妨害社会管理的行为。

妨害社会管理的行为，通常是指违法行为人实施的妨害国家机关对社会进行公共管理的行为，主要包括妨害公务、招摇撞骗的行为；煽动、策划非法集会、游行、示威的行为；违反关于社会生活噪声污染防治的法律规定，制造噪声干扰他人正常生活的行为；破坏文物、名胜古迹的行为；涉黄行为，如卖淫、嫖娼；涉毒行为；饲养动物干扰他人生活等行为。

2. 治安管理处罚的种类

根据《中华人民共和国治安管理处罚法》第十条规定，治安管理处罚的种类分为警告；罚款；行政拘留；吊销公安机关发放的许可证；对违反治安管理的外国人，可以附加适用限期出境或者驱逐出境。

法律基础知识

想一想

李某与周某本是朋友，某月25日，两人和朋友一起在微信群里面玩"10元抢红包"游戏，几人事先说好谁抢到的红包金额最少，谁就要发10元红包供大家抢。几局之后，轮到周某发红包时，周某却坚决不发，李某见状后辱骂周某耍赖，两人为此发生争吵。

随后李某心生怨恨，便邀约周某到某公园斗殴。当天下午，李某叫来三名朋友，而周某则找来几名同学帮忙，两方在公园碰面后准备斗殴，幸好周围的群众及时报警，赶来的民警将双方制止，没有造成人员受伤。

目前，谢某、刘某、贾某、李某因聚众斗殴分别被处行政拘留3日。周某等人因系未成年人，民警教育后已责令家长将他们领回，并要求严格教育。

想一想：为什么周某等人没有被行政拘留呢？

阅读与思考

党的二十大报告明确指出，在社会基层坚持和发展新时代"枫桥经验"，完善正确处理新形势下人民内部矛盾机制。所谓"枫桥经验"，最早是指20世纪60年代初，浙江省诸暨市枫桥镇干部群众创造的"发动和依靠群众，坚持矛盾不上交，就地解决，实现捕人少、治安好"的基层治理经验。早在2003年，时任浙江省委书记的习近平同志就曾大力推广"枫桥经验"。2023年3月，习近平总书记再次强调，要坚持和发展新时代"枫桥经验"，完善正确处理新形势下人民内部矛盾机制，及时把矛盾纠纷化解在基层、化解在萌芽状态。

"枫桥经验"是中国共产党带领各族人民于长期实践中总结形成的关于基层社会治理的宝贵经验，其不仅具备充分的本土性特征，还在方法层面具有源源不断的创新力。

"为人民服务"是"枫桥经验"诞生至今创新发展的基本点。从社会主义建设时期的"以理服人，少捕人，矛盾不上交"，到改革开放新时期的探索综合社会治理，再到新时代的"服务不缺位"，深刻彰显了"枫桥经验"尊重人、重视人、将人民群众的利益放在首位的价值立场。这种价值立场以民意为导向开展工作。新时代"枫桥经验"坚持以"警务围绕民意转，民警围绕百姓转"为理念，把"群众高兴不高兴、答应不答应、满意不满意"作为党政工作评估标准。紧盯群众最关心、最直接、最现实的问题，提升服务企业、服务群众、服务基层的能力，增加群众满意度、幸福感。

坚持走群众路线是"枫桥经验"的根本工作方法。新时代"枫桥经验"要继续坚持走群众路线。首先它主要体现在坚持群防群治。当基层矛盾纠纷化解任务与行政人员数量不相匹配时，"警力有限，民力无穷"，枫桥镇政府动员群众构建群防群治网络。比如，组织群众成立巡逻队等，提升社会治理效能。其次是培育社会组织。社会组织在应急管理、矛盾风险预防化解、公益帮扶、法治宣传等方面具有重要作用。为此，枫桥政府积极孵化、培育、帮助社会组织向社会化与专业化发展。其中"枫桥大妈""老杨调解室""红枫义警""蓝海救援"等已成为枫桥特色的社会组织品牌，与基层政府形成协同治理网络。除此之外还有积极吸纳专业力量。目前社会矛盾逐渐复杂化，矛盾纠纷化解机制需要多元专业人才。基于此，枫桥政府将专业性更强、威望更高的乡贤、律师、医生、教师、法官等不同领域的人才纳入基层治理队伍，发挥其专业服务能力。

党的领导是中国特色社会主义制度的最大优势，也是"枫桥经验"形成、发展和创新的根本保障。新时代"枫桥经验"始终把党的领导贯穿基层治理全过程，实施"政治引领、组织引领、能力引领、发展引领、服务引领"的"五大引领"工程。

当前，我国开启了全面建设社会主义现代化国家新征程，应更加把握社会矛盾的新变化，在"枫桥经验"的基础上，深度融合社会发展及治理的新需要，坚持共治、共建、共享的新治理理念，更好发挥人民群众作用，迈向社会治理的新篇章。

请思考：跨越半世纪，"枫桥经验"为何能够历久弥新？

资料来源：陈赛金."枫桥经验"何以彰显强大生命力[J]光明日报,2023年07月03日第二版

https://news.gmw.cn/2023-07/03/content_36669034.htm

3. 未成年人违反治安管理的处理

根据未成年人的生理、心理发育和知识、社会生活阅历的发展状况，从对未成年人一贯坚持教育为主、处罚为辅的政策出发，就未成年人违反治安管理的处理规定了两种情况，即相对负法律责任和完全不负法律责任。

法律基础知识

（1）关于相对负法律责任人的处理。

按《中华人民共和国治安管理处罚法》第十二条的规定：已满14周岁不满18周岁的人违反治安管理的，从轻或者减轻处罚。从轻或者减轻处罚，有利于对违反治安管理的青少年的挽救，有利于保障未成年人的健康成长。已满14周岁不满18周岁的未成年人正处在成长发育阶段，由于年龄小，体力、智力处于不成熟时期，控制自己行为和辨别是非善恶的能力还比较差，所以在实施违反治安管理行为时，难免带有一些冲动和盲目。

从轻处罚是指公安机关在法律法规和规章规定的处罚方式和处罚幅度内，对违反治安管理行为人在几种可能的处罚方式内选择适用较轻的处罚方式，或者在同一种处罚方式下在允许的幅度内选择幅度的较低限进行处罚。减轻处罚是指公安机关在法律法规和规章规定的处罚方式和处罚幅度最低限以下，对违反治安管理行为人适用治安管理处罚。

（2）关于完全不负法律责任人的处理。

按照《中华人民共和国治安管理处罚法》第十二条的规定：不满14周岁的人违反治安管理的，不予处罚，但是应当责令其监护人严加管教。在我国，不满14周岁是完全不负刑事责任的年龄阶段，同样，不满14周岁的人实施违反治安管理行为的，也不给予治安管理处罚。

但这并不是说，该年龄段的人实施了违反治安管理行为，公安机关就可以不管。"管"，即公安机关应当责令其监护人严加管教，父母或者其他监护人也可以将其送工读学校教育。

知识链接

不满14周岁的人实施违反治安管理行为，对他人造成损害的，其监护人应当按照《中华人民共和国治安管理处罚法》第八条的规定承担民事责任。有非法财物、违法所得的，应当按照《中华人民共和国治安管理处罚法》第十一条的规定予以收缴、追缴。收缴和追缴不是治安管理处罚，对不满14周岁的人违反治安管理的，可以适用。

练一练

球迷刘某在体育场观看中日足球对抗赛的过程中有如下行为：

①展示了自制的对日本队带有侮辱性的标语。

②不停地向场内投抛杂物，并且不听劝阻。

③在场内燃放私带进场的爆竹。

④因对裁判结果不满意而煽动周围球迷围攻裁判员。

其中哪些行为属于《中华人民共和国治安管理处罚法》中规定的扰乱体育比赛等大型活动秩序的行为？（　　）

A．①②③　　　　B．①②④　　　　C．①②③④　　　　D．②③④

第五节　行政救济

知识目标

要求了解行政违法的概念、特征；了解行政复议的概念、复议范围等；了解行政诉讼的概念、特征、受案范围等；理解行政复议与行政诉讼的异同。

思维导图

一、行政违法

行政违法是指行政法律关系主体违反行政法律规范、侵害受法律保护的行政关系但尚未构成犯罪的行为。行政违法包括行政主体违法和行政相对人违法。

行政违法的主要特征如下：

（1）行政违法是违反行政法律规范、侵害受行政法律保护的行政关系的行为。根据行政法制原则，无法律依据的行政行为都是违法行政行为。

（2）行政违法是一种尚未构成犯罪的行为。行政违法与犯罪都是危害社会的行为，但行政违法对社会危害的程度要比犯罪轻，只有情节严重的行政违法才构成犯罪。

（3）行政违法是要承担行政法律责任的行为。任何违法者对其违法行为都应承担法律责任。这是"违法必究"的法治原则的本质要求。

对于行政违法，可以从不同角度进行不同的分类。因为不同的分类有不同的意义，不同类型的行政违法适用不同的法律规则。

二、行政复议

行政复议作为一种行政救济制度，主要功能是通过行政程序解决行政争议。在当今世界，各国普遍建立起具有行政复议性质的行政救济制度，但是在具体的制度设计上各不相同。例如，行政复议在英国被称为"上诉"和"行政裁判所制度"，在法国被称为"行政救济"，在美国被称为"行政法官制度"，在日本被称为"行政不服审查制度"，在德国被称为"行政申诉制度"。

根据《中华人民共和国行政复议法》的规定，我国的行政复议是指公民、法人或其他组织认为行政行为侵犯其合法权益，向法定行政机关提出行政复议申请，受理申请的行政机关对被申请的行政行为依法进行审查并做出相应决定的活动。

行政复议机关受理行政争议案件的范围，也是公民、法人或其他社会组织提出复议申请的范围。《中华人民共和国行政复议法》第二章对此做了明确规定。

1. 具体行政行为的行政复议范围

根据《中华人民共和国行政复议法》第六条的规定，有下列情形之一的，公民、法人或者其他组织可以依照本法申请行政复议：

（1）对行政机关做出的警告、罚款、没收违法所得、没收非法财物、责令停产停业、暂扣或者吊销许可证、暂扣或者吊销执照、行政拘留等行政处罚决定不服的；

（2）对行政机关做出的限制人身自由或者查封、扣押、冻结财产等行政强制措施决定不服的；

（3）对行政机关做出的有关许可证、执照、资质证、资格证等证书变更、中止、撤销的决定不服的；

（4）对行政机关做出的关于确认土地、矿藏、水流、森林、山岭、草原、荒地、滩涂、海域等自然资源的所有权或者使用权的决定不服的；

（5）认为行政机关侵犯合法的经营自主权的；

（6）认为行政机关变更或者废止农业承包合同，侵犯其合法权益的；

（7）认为行政机关违法集资、征收财物、摊派费用或者违法要求履行其他义务的；

（8）认为符合法定条件，申请行政机关颁发许可证、执照、资质证、资格证等证书，或者申请行政机关审批、登记有关事项，行政机关没有依法办理的；

（9）申请行政机关履行保护人身权利、财产权利、受教育权利的法定职责，行政机关没有依法履行的；

（10）申请行政机关依法发放抚恤金、社会保险金或者最低生活保障费，行政机关没有依法发放的；

（11）认为行政机关的其他具体行政行为侵犯其合法权益的。

2. 抽象行政行为的行政复议范围

根据《中华人民共和国行政复议法》第七条的规定，公民、法人或者其他组织认为行政机关的具体行政行为所依据的下列规定不合法，在对具体行政行为申请行政复议时，可以一并向行政复议机关提出对该规定的审查申请。这些规定包括如下内容：

（1）国务院部门的规定；

（2）县级以上地方各级人民政府及其工作部门的规定；

（3）乡、镇人民政府的规定。前款所列规定不含国务院部、委员会规章和地方人民政府规章。规章的审查依照法律、行政法规办理。

3. 行政复议排除的范围

《中华人民共和国行政复议法》第八条专门规定了复议机关不予受理的几类事项，即行政复议排除的范围：

（1）不服行政机关做出的行政处分或者其他人事处理决定的，依照有关法律、行政法规的规定提出申诉；

（2）不服行政机关对民事纠纷做出的调解或者其他处理，依法申请仲裁或者向人民法院提起诉讼。

练一练

下列选项中不能提起行政复议行为的是（　　）。

A．某市交通管理局发布了排气量1升以下的汽车不予上牌照的规定，并据此对吴某汽车不予上牌照的行为

B．某乡镇发布通告劝告农民种植高产农作物的行为

C．城建部门将某施工企业的资质由一级变更为二级的行为

D．政府部门对王某成立社团的申请不予批准的行为

4. 行政复议参加人

行政复议参加人是指与争议的具体行政行为有利害关系而参与行政复议的复议当事人以及与复议当事人法律地位类似的人。

（1）行政复议申请人。行政复议申请人是指认为具体行政行为侵害其合法权益，以自己的名义向行政复议机关提出申请，要求复议机关对该具体行政行为进行复查并做出相应裁决的人。申请人可以是公民、法人和其他组织。

（2）行政复议被申请人。行政复议被申请人是指申请人的对方当事人，即做出申请人认为侵犯其合法权益的具体的行政行为的行政主体。具体包括行政机关，法律法规授权组织，行政机关委托的组织，做出具体行政行为的行政机关被撤销后继续行使其权利的行政机关、做出撤销决定的行政机关或有权机关指定的行政机关。

（3）行政复议第三人。行政复议第三人是指同被申请复议的具体行政行为有利害关系，经复议机关批准而参加行政复议的申请人和被申请人以外的其他公民、法人或代理人。

（4）行政复议代理人是指以被代理人的名义在代理权限范围内实施复议行为，其法律后果由被代理人承担的人。

练一练

根据市政府整顿农贸市场的决定，某区工商局和公安局对农贸市场进行检查。在检查过程中，因某个体户乱设摊点，故对其做出吊销营业执照的处罚。该个体户不服，申请复议。此案应以谁为被申请人？（　　）

A．某区工商局

B．某区公安局

C．某区工商局和公安局为共同被申请人

D．某区工商局和公安局共同的上一级机关为被申请人

5. 行政复议的程序

行政复议程序是指行政复议机关审理行政复议案件所遵循的步骤。根据《中华人民共和国行政复议法》的规定，行政复议程序大体上可以分为申请、受理、审理、决定四个阶段。

（1）申请。申请是行政复议程序的开始，相对人不提出申请，行政复议机关不能主动管辖。行政相对人申请复议应当在知道具体行政行为之日起60日内提出复议申请，但法律规定的申请期限超过60日的除外。如果申请人向人民法院起诉，人民法院已经依法受理的，不得申请复议。申请人申请行政复议既可采用口头形式也可采用书面形式。

（2）受理。申请人提出复议申请后，行政复议机关对复议申请进行审查。审查后，应当在收到申请书之日起5日内，对复议申请分别做出处理受理或不予受理的决定。如果复议申请符合其他法定条件，但不属于本行政机关受理的，应告知申请人向有关行政机关提出。

（3）审理。行政复议案件的审理一般由复议机关中负责法制工作的机构实施，行政复议机构审理行政复议案件，应当由两名以上行政复议人员参加。审理方式采取书面审查的办法，但是申请人提出要求或者行政复议机构认为有必要时，可以实地调查核实证据；对重大、复杂的案件，申请人提出要求或者行政复议机构认为必要时，可以采取听证的方式审理。行政复议人员向有关组织和人员调查取证时，可以查阅、复制、调取有关文件和资料，向有关人员询问。

（4）决定。行政复议机构必须做出复议决定，对被申请具体行政行为的合法性或合理性做出判断。行政复议决定有如下几种：

①维持决定。被申请的具体行政行为认定事实清楚、证据确凿、适用依据正确、程序合法、内容适当的，复议机关应当决定予以维持。

②驳回决定。经审理，发现申请人认为行政机关不履行法定职责申请行政复议，行政复议机关受理后发现该行政机关没有相应法定职责或者在受理前已经履行法定职责的；或者受理行政复议申请后，发现该行政复议申请不符合《中华人民共和国行政复议法》和本条例规定的受理条件的，行政复议机关可以驳回。

③撤销、变更或者确认决定。行政复议机关决定撤销或者确认该行为违法的，可以同时责令被申请人在一定期限内重新做出具体行政行为，被申请人不得以同一的事实和理由做出与被申请行为相同或者基本相同的具体行政行为。

④履行决定。对于被申请人不履行法定职责或者没有及时履行法定职责的案件，行政复议机关应当做出履行决定，责令被申请人在一定期限内履行职责。

⑤赔偿决定。如果申请人在申请复议时一并提出行政赔偿请求的，则对于其中符合国家赔偿要件的情况，复议机关在对具体行政行为违法决定撤销、变更或者确认违法的同时，应当决定被申请人对申请人给予赔偿。

三、行政诉讼

1. 行政诉讼的概念与特征

根据《中华人民共和国行政诉讼法》第一章中的相关规定，行政诉讼，是指公民、法人或者其他组织认为行使国家行政权的机关和组织及其工作人员所实施的具体行政行为，侵犯了其合法权利，依法向人民法院起诉，人民法院在当事人及其他诉讼参与人的参加下，依法对被诉具体行政行为进行审查并做出裁判，从而解决行政争议的制度。

行政诉讼是解决行政纠纷的重要途径，对保障一个国家依法行政，建立法治政府，确保公民、法人或其他组织合法权利免受行政权力的侵害，具有十分重大的意义。

2. 行政诉讼参加人

根据《中华人民共和国行政诉讼法》的规定，行政诉讼参加人包括行政诉讼当事人和行政诉讼代理人。

（1）行政诉讼当事人是指因发生行政争议，以自己的名义进行诉讼，并受人民法院裁判约束的利害关系人，包括行政诉讼的原告、被告和第三人。

行政诉讼原告是指认为其合法权益受到行政机关或者行政机关工作人员的具体行政行为的侵犯，依照《中华人民共和国行政诉讼法》的规定，向人民法院提起行政诉讼的公民、法人或者其他组织。

行政诉讼被告，是被原告诉称其具体行政行为违法，侵犯原告的合法权益，由受诉人民法院通知其应诉的行政机关。

行政诉讼第三人，是因行政案件的处理结果与其有法律上的利害关系，而申请参加或者由人民法院通知其参加到正在进行的行政诉讼中的公民、法人或者其他组织。例如，土地管理局把某块土地的使用权分别授予甲和乙，而乙以为这块土地的使用权应当全归自己，对土地管理机关的决定不服，向人民法院起诉。人民法院审理此案后，如果撤销土地管理机关的决定，就会影响甲的利益。甲同这块土地使用权的授予具有利害关系，他可作为第三人参加这一行政诉讼。

（2）行政诉讼代理人。在行政诉讼中，根据法律的规定或者当事人的授权，以被代理人的名义，代被代理人进行诉讼活动，行使诉讼权利，承担诉讼义务的人，称为行政诉讼代理人。行政诉讼代理人包括法定代理人、指定代理人、委托代理人。

3. 行政诉讼的程序

由法律规定的人民法院处理行政案件的活动过程，称为行政诉讼（图 5-1）程序。行政诉讼程序包括审判程序和执行程序，审判程序包括起诉和受理及审理和判决两个阶段。

行政诉讼与行政复议的共同点和区别见表 5-2。

图 5-1　行政诉讼

表 5-2　行政诉讼与行政复议的共同点和区别

	分类	行政诉讼	行政复议
共同点	1．标的：行政争议 2．都是依法申请的行为 3．都是救济手段 4．目的都是保护公民、法人和其他组织的合法权益，监督和促使行政机关依法行政		
区别	1．受理机关	人民法院	行政复议机关
	2．性质	司法活动	行政活动
	3．受案范围	具体行政活动	具体行政活动与抽象行政活动
	4．审查范围	合法性	合法性与合理性
	5．审理方式	开庭与径行裁判	书面复议
	6．审理依据	法律法规，参照法章	宪法、其他行政规范性文件
	7．审级	二审终审	一级复议
	8．法律效力	终局效力	一般不具有终局效力
	9．参加人	原告、被告、第三人	申请人、被申请人、第三人

行政复议如图 5-2 所示。

图 5-2　行政复议

练一练

1. 某公司欲建总部办公楼，楼址选在一幢居民楼的前面。但该居民楼的居民们认为规划图中办公楼与居民楼之间距离过近。而且办公楼高达14层，建成以后势必影响居民楼内几十户居民正常的通风与采光。居民们遂要求有关部门不要批准该公司的建筑申请，并要求该公司另择地或调整现有的规划图。但有关部门认为办公楼与居民楼之间的距离符合相关标准，遂批准了该公司的申请，向其颁发了相关许可证。

请问，居民楼内的居民对有关部门的批准行为不服，可以采取哪种救济措施？（　　）

A．劳动仲裁

B．由做出批准的部门进行行政裁决

C．行政诉讼

D．由某公民居间调解

2. 某社区的市人民政府发布命令，要求某街道两侧20米的建筑必须拆除，以拓宽该道路。市城建局便以此命令为依据组织拆迁，但居民赵某不愿搬走，市城建局遂决定强制拆除其房屋，并对赵某处以2 000元罚款。请根据上述事例回答下列问题：

（1）对于赵某的行政处罚，应当由谁决定？

（2）赵某认为市政府的命令不合法，能否对之提起诉讼？如果可以，应如何提起？

（3）对市城建局的决定不服，赵某可向何机关申请复议？

（4）行政复议机关减轻了对赵某的处罚，改为罚款1 000元，但维持强制拆除的决定。赵某仍不服，可向何地法院提起行政诉讼？被告是谁？

第六章 社会法

第一节 劳动和社会保障法

知识目标

要求了解我国基本的劳动制度，了解社会保险的种类。

思维导图

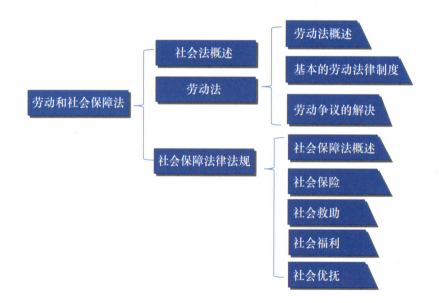

一、社会法概述

社会法是我国近年来在完善市场经济法律体系，落实科学发展观，构建社会主义和谐社会的历史大潮中应运而生的法律，旨在保障社会的特殊群体和弱势群体的权益。社会法是与社会主义制度最为契合的法律。社会法在缓和社会矛盾、维护社会稳定方面能够发挥积极作用，和谐社会的建立尤其离不开社会法的发展，社会法的重要性日益突显。在传统的法律部门中，民商法和经济法主要调整一国的经济生活，侧重于保护公民的民事权利；宪法和行政法主要规范国家的政治生活，保护公民的政治权利。传统的法律部门对社会生活和文化生活的关注是远远不够的。社会法的主旨在于保护公民的社会权利，尤其是保护弱势群体的利益。在社会关系中，有天生的强势群体和弱势群体之分，而且市场经济会自发地导致强者越强、弱者越弱。此时，如果没有公权力的介入来保护弱者的利益，将使社会关系的失衡状态加剧并最终导致严重的社会问题。法治途径，即制定和完善社会法是改变这种失衡局面的必然选择，尤其在当前我国深化改革而社会法理论与实践又比较薄弱的环境下，完善社会法，保障公民的社会权，使人们实现真正的解放——社会解放，对构建和谐社会具有重大而深远的理论和现实意义。

目前我国的社会法主要包括《中华人民共和国劳动法》《中华人民共和国社会保险法》《中华人民共和国工会法》《中华人民共和国未成年保护法》《中华人民共和国环境保护法》《中华人民共和国矿山安全法》《中华人民共和国红十字会法》等。本章将主要就与中职生实习就业相关的劳动法和社会保障法展开介绍。

二、劳动法

1. 劳动法概述

人类历史上，长期以来并没有专门的劳动法律法规。现代意义上的劳动法起源于19世纪初的"工厂立法"，是从英国为首的西欧一些资本主义国家开始的。"工厂立法"一定程度上体现了劳动法对劳动者的保护。劳动法既是政府为了协调劳动关系，颁布的调整劳动关系的劳动法规，也是工人阶级长期斗争的成果。1802年英国通过的《学徒健康与道德法》，就是现代劳动立法的开端。

法律基础知识

中国的劳动立法出现在20世纪初期，北洋政府农商部于1923年3月29日公布了《暂行工厂规则》，内容包括最低的受雇年龄、工作时间与休息时间、对童工和女工工作的限制，以及工资福利、补习教育等规定。

劳动法律关系是公民在就业过程中最重要的法律关系，劳动法律关系是劳动关系在法律上的体现，青年学生一旦走上工作岗位，除从事公务员或在事业单位工作以外，与用人单位形成的大多是劳动关系。

我国劳动和社会保障工作由人力资源和社会保障部主管，主要的劳动法律法规有《中华人民共和国劳动法》《中华人民共和国劳动合同法》《中华人民共和国就业促进法》《中华人民共和国工会法》《中华人民共和国职业病防治法》《女职工劳动保护特别规定》《工伤保险条例》《劳动监察条例》等。

阅读与思考

资本主义社会，劳动关系主要表现为雇佣关系，是由获得人身自由的工人与占有生产资料的资本家之间发生的关系，工人与资本家表面上有了平等的关系，可是由于劳动力是商品，这使劳动关系成为一种劳动力的买卖关系。到了18世纪末19世纪初，无产阶级反对资产阶级的斗争由自发性的运动发展为有组织和自觉的运动，工人群众强烈要求废除原有的"劳工法规"，要求缩短工作时间、增加工资、禁止使用童工等，工人运动的浪潮为劳动法的产生创造了外部条件。1802年，英国政府通过了一项限制纺织工厂学徒（图6-1）工作时间的法律《学徒健康与道德法》，该法律规定，禁止纺织工厂使用9岁以下学徒，并规定18周岁以下的学徒其劳动时间每日不得超过12小时；禁止学徒在晚9点至第二天凌晨5点从事夜工，这个法规显然在改善童工处境方面只是迈出了一小步，但它改变了劳工法规都是为剥削而制定的性质，从此揭开了立法史新的一页。1918年，第一部社会主义劳动法——《苏俄劳动法典》诞生，这一法典不仅转变了工人阶级的地位，同时也以法典的形式使劳动法脱离了民法范畴，为劳动法成为独立的法律部分发挥了重要作用。

图6-1 英国纺织学徒

中华人民共和国成立以来，不仅在宪法中规定了关于劳动制度和劳动关系的内容，还陆续颁行了《中华人民共和国工会法》《中华人民共和国劳动保险条例》等大批单项的劳动法律法规和规章。从1978年起，国家劳动总局会同全国总工会等有关部门着手起草全面规范我国劳动关系的劳动法。1994年，第八届全国人大常委会第八次会议通过了《中华人民共和国劳动法》并于1995年1月1日起施行，确保了劳动者的合法权益得到较周严的保护。2018年12月29日，第十三届全国人民代表大会常务委员会第七次会议进行了第二次修正。2007年6月29日，《中华人民共和国劳动合同法》由中华人民共和国第十届全国人民代表大会常务委员会第二十八次会议通过，自2008年1月1日起施行。2012年12月28日，第十一届全国人民代表大会常务委员会第三十次会议进行了修正。

请思考：《中华人民共和国劳动法》具有哪些作用？

2. 基本的劳动法律制度

劳动既是公民的权利，也是公民的义务。劳动法将维护劳动者权益作为其基本宗旨，也适当权衡用人单位的利益。

《中华人民共和国劳动法》规定，劳动者的权利包括平等就业权和选择职业的权利、取得劳动报酬的权利、休息休假的权利、获得劳动安全卫生保护的权利、接受职业技能培训的权利、享受社会保险和福利的权利等。

劳动者应当履行的义务包括：完成劳动任务、提高职业技能、执行劳动安全卫生规程、遵守劳动纪律和职业道德。

（1）促进就业。国家通过促进经济和社会发展，创造就业条件，扩大就业机会。国家鼓励企业、事业组织、社会团体在法律、行政法规规定的范围内兴办产业或者拓展经营，增加就业。国家支持劳动者自愿组织起来就业和从事个体经营实现就业。妇女享有与男子平等的就业权利。在录用职工时，除国家规定的不适合妇女的工种或者岗位外，不得以性别为由拒绝录用妇女或者提高对妇女的录用标准。禁止用人单位招用未满16周岁的未成年人。文艺、体育和特种工艺单位招用未满16周岁的未成年人，必须遵守国家有关规定，并保障其接受义务教育的权利。

（2）劳动合同。劳动合同是劳动者与用人单位确立劳动关系、明确双方权利和义务的协议。建立劳动关系应当订立书面劳动合同。劳动合同分为固定期限劳动合同、无固定期限劳动合同和以完成一定工作任务为期限的劳动合同。劳动合同应当具备以下条款：①用人单位的名称、住所和法定代表人或者主要负责人；②劳动者的姓名、住址和居民身份证或者其他有效身份证件号码；③劳动合同期限；④工作内容和工作地点；⑤工作时间和休息休假；⑥劳动报酬；⑦社会保险；⑧劳动保护、劳动条件和职业危害防护；⑨法律法规规定应当纳入劳动合同的其他事项。劳动合同除前款规定的必备条款外，用人单位与劳动者可以约定试用期、培训、保守秘密、补充保险和福利待遇等其他事项。

> **想一想**
>
> 如果企业没有与劳动者签订劳动合同，劳动者却在工作中遇到权益损害，当劳动者向企业主张相关的权利时遭到企业拒绝，苦于没有书面的劳动合同，不知道该如何维护自己的合法权益。
>
> 想一想：在实践中，劳动者可以提供哪些证据来证明事实劳动关系（图6-2）的存在呢？

图6-2　事实劳动关系

（3）试用期。试用期是劳动合同期内双方当事人相互进行考察的时期，用人单位在试用期内解除劳动合同的，应当向劳动者说明理由。试用期内，劳动者只需提前三天通知用人单位就可以解除劳动合同。劳动合同期限三个月以上不满一年的，试用期不得超过一个月；劳动合同期限一年以上不满三年的，试用期不得超过两个月；三年以上固定期限和无固定期限的劳动合同，试用期不得超过六个月。同一用人单位与同一劳动者只能约定一次试用期。以完成一定工作任务为期限的劳动合同或者劳动合同期限不满三个月的，不得约定试用期。试用期包含在劳动合同期限内。劳动合同仅约定试用期的，试用期不成立，该期限为劳动合同期限。劳动者在试用期的工资不得低于本单位相同岗位最低档工资或者劳动合同约定工资的80%，并不得低于用人单位所在地的最低工资标准。

（4）工作时间和休息休假。国家实行劳动者每日工作时间不超过八个小时、平均每周工作时间不超过四十四个小时的工时制度。用人单位由于生产经营需要，经与工会和劳动者协商后可以延长工作时间，一般每日不得超过一小时；因特殊原因需要延长工作时间的，在保障劳动者身体健康的条件下延长工作时间每日不得超过三个小时，但是每月不得超过三十六个小时。

> **想一想**
>
> 备受争议的"996工作制"（图6-3）是指早上9点上班、晚上9点下班，中午和傍晚各休息1小时，每天总计工作10小时以上，且一周工作6天的工作制度，代表着中国互联网等企业盛行的加班文化。近年来随着推行这一制度的互联网企业被接连曝光而逐渐引起社会关注。2019年，京东、阿里巴巴等互联网巨头企业相关负责人公开发表疑似支持"996工作制"的观点，将社会各界对该制度的争论推向高潮，并广受主流媒体批评。应该说，此争议的背后反映出的是互联网经济背景下企业一方与劳动者一方各自不同的利益诉求。
>
> 想一想：你如何看待"996工作制"？

图6-3　"996工作制"

（5）工资制度。工资分配应当遵循按劳分配原则，实行同工同酬。工资水平在经济发展的基础上逐步提高。国家对工资总量实行宏观调控。用人单位根据本单位的生产经营特点和经济效益，依法自主确定本单位的工资分配方式和工资水平。国家实行最低工资保障制度。最低工资的具体标准由省、自治区、直辖市人民政府规定，报国务院备案。用人单位支付劳动者的工资不得低于当地最低工资标准。

（6）劳动保护和职业培训。用人单位必须建立、健全劳动安全卫生制度，严格执行国家劳动安全卫生规程和标准，对劳动者进行劳动安全卫生教育，防止劳动过程中的事故，减少职业危害。用人单位必须为劳动者提供符合国家规定的劳动安全卫生条件和必要的劳动防护用品，对从事有职业危害作业的劳动者应当定期进行健康检查。劳动者在劳动过程中必须严格遵守安全操作规程。劳动者对用人单位管理人员违章指挥、强令冒险作业，有权拒绝执行；对危害生命安全和身体健康的行为，有权提出批评、检举和控告。

国家通过各种途径，采取各种措施，发展职业培训事业，开发劳动者的职业技能，提高劳动者素质，增强劳动者的就业能力和工作能力。用人单位应当建立职业培训制度，按照国家规定提取和使用职业培训经费，根据本单位实际，有计划地对劳动者进行职业培训。从事技术工种的劳动者，上岗前必须经过培训。国家确定职业分类，对规定的职业制定职业技能标准，实行职业资格证书制度，由经备案的考核鉴定机构负责对劳动者实施职业技能考核鉴定。

（7）社会保险和福利。劳动者有享受社会保险和社会福利的权利。国家发展社会保险事业，建立社会保险制度，设立社会保险基金，使劳动者在年老、患病、工伤、失业、生育等情况下获得帮助和补偿。社会保险基金按照保险类型确定资金来源，逐步实行社会统筹。用人单位和劳动者必须依法参加社会保险，缴纳社会保险费。

法律名言

法律和制度必须跟上人类思想的进步。

——杰弗逊

3．劳动争议的解决

劳动争议是指劳动关系双方当事人之间因劳动权利和义务发生分歧而引起的争议。劳动争议是劳动关系不协调的反映，只有合法、公正、妥善、及时地处理劳动争议，才能维护双方当事人的合法权益，保持社会稳定。

在现实生活中，用人单位与劳动者会产生许多争议，主要包括确认劳动关系的争议，因工作时间、休假、劳动报酬、福利、社保、劳动保护、劳动纪律、工伤医疗、除名辞退等产生的争议。

当用人单位与劳动者发生劳动争议时，当事人可以依法申请调解、仲裁，提起诉讼，也可以协商解决。调解原则适用于仲裁和诉讼程序。

劳动争议发生后，双方当事人首先应当进行协商，以达成解决方案，自行协商不成的，当事人可以向本单位劳动争议调解委员会申请调解；调解不成，当事人一方要求仲裁的，可以向劳动争议仲裁委员会申请仲裁。当事人一方也可以直接向劳动争议仲裁委员会申请仲裁。对仲裁裁决不服的，可以向人民法院提起诉讼。

三、社会保障法律法规

1. 社会保障法概述

社会保障源于英文 Social Security 一词，在我国，可以将社会保障做如下概括：社会保障是国家通过立法形式确立的，对社会成员在生育、年老、伤残、疾病、失业、丧失劳动能力或丧失就业机会，或者因自然灾害和意外事故面临生活困难时，以国民收入再分配方式提供物质帮助，保障每个公民的基本生活需要的一种社会制度。社会保障制度具有强制性、社会性、福利性、互助性和人道性的法律特点，其作为一种稳定社会、调节经济、促进经济发展的社会安全机制，是市场经济正常运行必要的外部条件。社会保障体系由多个基本要素和组成部分构成，根据国际劳工组织采纳的规范化概念，构成社会保障体系的项目包括社会保险、社会救助、社会福利等各种补充方案。我国结合经济体制改革的实践及建立社会主义市场经济体制的目标，确立了适合我国市场经济特色的社会保障项目，并构筑起我国的社会保障体系。

社会保障法，是指调整社会保障关系的法律规范的总称，我国的社会保障法既包括以社会保障项目命名的法律法规，也包括其他法律、法规中有关社会保障的法律法规以及具有法律效力的规章、决定等。我国社会保障在内容上主要包括社会保险、社会救助、社会福利和社会优抚四个方面。

2. 社会保险

《中华人民共和国社会保险法》是我国法律体系中起支架作用的法律，是一部着力保障和改善民生的法律。2010年10月28日第十一届全国人民代表大会常务委员会第十七次会议通过，2018年12月29日第十三届全国人民代表大会常务委员会第七次会议修正。社会保险法是社会保障法的核心内容。社会保险包括养老保险、工伤保险、医疗保险、生育保险、失业保险等。

《中华人民共和国社会保险法》第二条规定：国家建立基本养老保险、基本医疗保险、工伤保险、失业保险、生育保险等社会保险制度，保障公民在年老、疾病、工伤、

失业、生育等情况下依法从国家和社会获得物质帮助的权利。社会保险主要包括如下内容：

（1）基本养老保险。职工应当参加基本养老保险，由用人单位和职工共同缴纳基本养老保险费。无雇工的个体工商户、未在用人单位参加基本养老保险的非全日制从业人员以及其他灵活就业人员可以参加基本养老保险，由个人缴纳基本养老保险费。用人单位应当按照国家规定的本单位职工工资总额的比例缴纳基本养老保险费，记入基本养老保险统筹基金。职工应当按照国家规定的本人工资的比例缴纳基本养老保险费，记入个人账户。参加基本养老保险的个人，达到法定退休年龄时累计缴费满十五年的，按月领取基本养老金。

（2）基本医疗保险。职工应当参加职工基本医疗保险，由用人单位和职工按照国家规定共同缴纳基本医疗保险费。国家建立和完善新型农村合作医疗制度和城镇居民基本医疗保险制度。参保人员医疗费用中应当由基本医疗保险基金支付的部分，由社会保险经办机构与医疗机构、药品经营单位直接结算。

（3）工伤保险。职工应当参加工伤保险，由用人单位缴纳工伤保险费，职工不缴纳工伤保险费。国家根据不同行业的工伤风险程度确定行业的差别费率，并根据使用工伤保险基金、工伤发生率等情况在每个行业内确定费率档次。职工因工作原因受到事故伤害或者患职业病，且经工伤认定的，享受工伤保险待遇；其中，经劳动能力鉴定丧失劳动能力的，享受伤残待遇。

> **想一想**
>
> 想一想：用人单位未参加工伤保险，职工能申请工伤认定吗？
>
> 王先生是某建筑公司的架子工，签订了为期一年的劳动合同。参加工作一个月后，王先生在工作中不慎跌落，腰部重度损伤。王先生要求用人单位申请工伤认定。用人单位以王先生刚进单位，未参加工伤保险为由，不愿为其申请工伤认定。
>
> 争议焦点：王先生能申请工伤认定吗？怎么申请？
>
> 解析：如果王先生所在的建筑公司未在事故伤害三十日内申请工伤认定，王先生或其近亲属、工会组织可在事故伤害发生之日起一年内，向单位所在地社会保险行政部门提出工伤认定申请，由用人单位按照条例规定的工伤保险待遇项目和标准支付费用。

（4）失业保险。职工应当参加失业保险，由用人单位和职工按照国家规定共同缴纳失业保险费。失业人员符合下列条件的，从失业保险基金中领取失业保险金：①失业前用人单位和本人已经缴纳失业保险费满一年的；②非因本人意愿中断就业的；③已经进行失业登记，并有求职要求的。

（5）生育保险。职工应当参加生育保险，由用人单位按照国家规定缴纳生育保险费，职工不缴纳生育保险费。用人单位已经缴纳生育保险费的，其职工享受生育保险待遇，包括生育医疗费用和生育津贴。

在我国许多地方，社会保险除了基本的保障功能以外，还延伸出一些派生功能，如购房资格、积分落户、子女上学等。

3．社会救助

社会救助，是指国家和社会对由于各种原因而陷入生存困境的公民，给予财物接济和生活扶助，以保障其最低生活需要的制度。社会救助作为社会保障体系的一个组成部分，具有不同于社会保险的保障目标。社会保险的目标是防范劳动风险，而社会救助的目标则是缓解生活困难。《社会救助暂行办法》（以下简称《办法》）于2014年2月21日以中华人民共和国国务院令第649号发布，自2014年5月1日起施行。根据《办法》的规定，由国务院民政部门统筹全国社会救助体系建设，基本覆盖各类困难群众。全国所有省份均出台实施办法，有关部门也出台一系列配套政策：进一步完善最低生活保障制度，全面建立临时救助制度，进一步健全特困人员救助供养制度，完善受灾人员救助制度，完善医疗救助制度，完善教育救助制度，完善住房救助制度，完善就业救助制度，健全社会力量参与制度。中央财政建立困难群众救助专项补助资金，统筹用于最低生活保障、特困人员救助供养、临时救助、孤儿基本生活保障、生活无着流浪乞讨人员救助等工作。

未成年人司法救助

能够获得救助的对象包括六类人：一是受到重大人身伤害、无法得到实际赔偿、家

庭贫困的未成年人；二是受到性侵害、急需心理治疗、家庭贫困的未成年人；三是无法得到实际赔偿的已死亡被害人的贫困未成年子女；四是监护人缺失、身体残疾或患有其他严重疾病，且家庭无力抚养、自身又不具备独立生活条件的非监禁刑未成年犯、刑满释放未成年犯；五是认罪态度好并有悔改表现、具备一定文化基础、愿意继续求学或接受技能培训、家庭贫困的非监禁刑未成年犯、刑满释放未成年犯；六是其他处于特殊困境的未成年人。

4．社会福利

中国社会福利制度是指政府出资为那些生活困难的老人、孤儿和残疾人等特殊困难群体提供生活保障而建立的制度。为保障特殊困难群体的生活权益，国家颁布了《中华人民共和国老年人权益保障法》《中华人民共和国残疾人保障法》和《农村五保供养工作条例》等法律法规。有关法律法规规定，对城市孤寡老人、符合供养条件的残疾人和孤儿实行集中供养，对农村孤寡老人、符合供养条件的残疾人和孤儿实行集中供养与分散供养相结合；集中供养一般通过举办社会福利院、敬老院、疗养院、儿童福利院等福利机构进行；对于残疾人，通过政府的优惠政策来兴办多种形式的社会福利企业，帮助适合参加劳动的残疾人获得就业机会。

5．社会优抚

社会优抚是中国社会保障制度的重要组成部分，国家和社会保障残疾军人的生活，抚恤烈士家属，优待军人家属。保障优抚对象的生活是国家和社会的责任。社会优抚制度的建立，对于维持社会稳定、保卫国家安全、促进国防和军队现代化建设、推动经济发展和社会进步具有重要的意义。《中华人民共和国兵役法》对军人的抚恤、优待、退休养老、退役安置等问题做了具体规定，建立了国家、社会、群众三结合的抚恤优待制度。2004年颁布、2019年修订的《军人抚恤优待条例》规定了军人享受的优待措施，包括医疗待遇，伤残优抚，优抚对象在与其他群众同等条件下，享有就业、入学、救济、贷款、分配住房的优先权，以及死亡抚恤、伤残抚恤、退役安置等。

练一练

1. 下列社会保险项目中，完全由用人单位承担缴费义务的是（　　）。

   A．养老保险　　　B．医疗保险　　　C．失业保险　　　D．工伤保险

2. 关于劳动合同的试用期，下列说法正确的是（　　）。

   A．劳动合同期限三个月以上不满一年的，试用期不得超过一个月

   B．同一用人单位与同一劳动者可以约定两次试用期

   C．试用期不包含在劳动合同期限内

   D．劳动者在试用期的工资不得低于本单位相同岗位最低档工资或者劳动合同约定工资的80%，并不得低于用人单位所在地的最低工资标准

3. 根据《中华人民共和国劳动法》的规定和劳动关系的性质，下列纠纷属于劳动争议的是（　　）。

   A．某私营企业职工李某与某地方劳动保障行政部门的工伤认定机关因工伤认定结论而发生的争议

   B．进城务工的农民张某与其雇主某个体户之间因支付工资报酬发生的争议

   C．某国有企业退休职工王某与社会保险经办机构因退休费用的发放而发生的争议

   D．某有限责任公司的职工赵某是该公司的股东之一，因股息分配与该公司发生的争议

第二节　未成年人劳动权益保护

知识目标

要求了解未成年人的劳动权益，了解职业学校学生实习的相关规定，树立实习期间的安全意识。

法律基础知识

思维导图

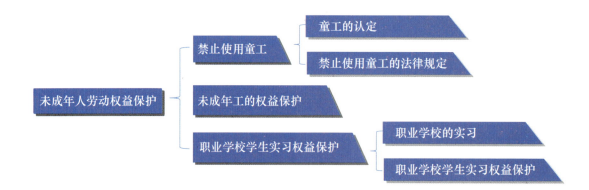

一、禁止使用童工

1. 童工的认定

在中国，童工（图6-4）是指未满16周岁的儿童或少年与单位或个人发生劳动关系或者从事个体劳动。法律严禁使用童工，某些特殊行业需要录用未满16周岁的少年工人时，必须经有关部门批准，并在工作时间、禁止从事有害健康工作等方面给予特殊保护。在全球各地区中，亚太地区国家童工最多，已经超过1.2亿人。在很长一段时间内，童工并不被视为一个需要解决的问题，当义务教育和劳工与儿童权利深入人心以后，这才成为一个广为争论的话题。

图6-4 童工

阅读与思考

在一些媒体的报道中，我们仍然可以看出，中国社会的童工现象主要有下列几种情况：

（1）部分私营企业者唯利是图，将童工当成易管理、剩余价值高的廉价劳动力，大量非法雇用童工，恶劣的劳动环境，长时间的繁重劳动，严重危害了儿童的身心健康。

（2）一些家庭开办小手工作坊、经营小商店或从事农业生产劳动，将自己本应接受义务教育的未成年子女作为劳动力使用，出现了个体性的童商、童农等童工形式。

（3）随着经济的发展，大量农村剩余劳动力涌入城市，其中包括很多未成年人，他们中的一部分和父母一起经商、务工，另有一些未成年人独自漂泊在都市，或在小饭馆打工，或在市民家中当保姆，或在工地上当小工，担当着本应由成人担负的沉重劳动。

（4）一些违法犯罪分子利用经济发展落后地区农民急切盼望富裕起来的心理，把一些未成年的儿童带入城市，甚至有拐卖儿童的犯罪分子强迫他们从事劳动，每天劳动时间长达十几个小时，严重摧残儿童的身心健康。

知识链接

6月12日是"世界无童工日"。2002年6月，在日内瓦召开的第90届国际劳工大会决定将每年的6月12日定为"世界无童工日"，呼吁世界各国密切关注日益严重的童工问题，并采取切实有效的措施加以解决。

2. 禁止使用童工的法律规定

《中华人民共和国劳动法》第十五条规定，禁止用人单位招用未满16周岁的未成年人。文艺、体育和特种工艺单位招用未满16周岁的未成年人，必须遵守国家有关规定，并保障其接受义务教育的权利。

《中华人民共和国未成年人保护法》第二十八条规定，任何组织或者个人不得招用未满16周岁的未成年人，国家另有规定的除外。

《禁止使用童工规定》自2002年12月1日起施行。第二条规定，国家机关、社会团体、企业事业单位、民办非企业单位或者个体工商户（以下简称"用人单位"）均不得招用不满16周岁的未成年人（招用不满16周岁的未成年人，以下简称"使用童工"）。禁止任何单位或者个人为不满16周岁的未成年人介绍就业。禁止不满16周岁的未成年人开业从事个体经营活动。

下列情况一般不属于使用童工：文艺、体育、特种工艺等单位根据培养需要，经有关部门、未成年人父母或者其他监护人的同意，招用不满16周岁的专业文艺工作者、运动员和艺徒的；组织不满16周岁的未成年人参加适合未成年人特点、不影响其人身安全和身心健康的社会公益活动的；不满16周岁的未成年人在近亲属或者监护人自营的生产经营场所从事力所能及、不影响其人身安全和身心健康的辅助性劳动的；学校、职业培训机构及其他教育机构按照国家的有关规定组织不满16周岁的未成年人从事不影响其人身安全和身心健康的实习、教学实践、职业技能培训的；经有关主管部门认定具有社会影响的特殊专业人才，确因传承技艺需要招收不满16周岁的未成年人学艺的。这些情形下，使用不满16周岁的未成年人的，用人单位、组织和个人应当保障未成年人接受义务教育的权利。

非法使用童工要承担相应的法律责任，主要包括民事赔偿、行政处罚和刑事责任，主要的法律依据是《禁止使用童工规定》。

童工虽然没有和用人单位形成合法的劳动关系，但是如果童工在用人单位已经付出劳动，童工的劳动报酬标准应当比照同岗位的劳动者获得的劳动报酬支付，若童工在工作中受到伤害，用人单位应当负责送到医疗机构治疗，并负担治疗期间的全部医疗和生活费用。如果伤残或者死亡的，用人单位还应当按照工伤保险的有关规定计算。

用人单位使用童工的，劳动保障行政部门按照每使用一名童工每月处5 000元的标准给予处罚；劳动保障行政部门并应当责令用人单位限期将童工送回原居住地交其父母或者其他监护人，所需交通和食宿费用全部由用人单位承担。职业中介单位为不满16周岁的未成年人介绍就业的，按照每介绍一人处5 000元罚款的标准给予处罚，还可由劳动保障行政部门吊销职业介绍许可证。

非法使用童工，依照刑法构成拐卖儿童罪、强迫劳动罪或者其他犯罪的，依法追究刑事责任。

二、未成年工的权益保护

对于已经年满16周岁未满18周岁的未成年人，与用人单位形成劳动关系，我国劳动法将其称为"未成年工"，可以和用人单位形成劳动关系，但在劳动过程中，根据其自身健康的需要，法律应给予特殊的保护。《中华人民共和国劳动法》规定，国家对女职工和未成年工实行特殊劳动保护；不得安排未成年工从事矿山井下、有毒有害、国家规定的第四级体力劳动强度的劳动和其他禁忌从事的劳动；用人单位应当对未成年工定期进行健康检查。《中华人民共和国未成年人保护法》规定，任何组织或者个人按照国家有关规定招用已满 16 周岁未满 18 周岁的未成年人的，应当执行国家在工种、劳动时间、劳动强度和保护措施等方面的规定，不得安排其从事过重、有毒、有害等危害未成年人身心健康的劳动或者危险作业。

未成年工是与用人单位形成劳动关系的，在校学生勤工俭学、实习的，不是就业，不形成劳动关系，因此未成年工不包括年满 16 周岁不满 18 周岁的在校学生。

三、职业学校学生实习权益保护

1. 职业学校的实习

职业教育是国民教育体系和人力资源开发的重要组成部分，是培养多样化人才、传承技术技能、促进就业创业，推动经济社会发展的重要途径，与普通教育是不同教育类型，具有同等重要地位。国家发展职业教育，推进职业教育改革，提高职业教育质量，建立、健全适应社会主义市场经济和社会进步需要，符合技术技能人才成长规律的职业教育制度体系。职业学校学生应当全面完成规定的学习任务，按要求参加实习、实训。国家推行学徒制度，鼓励有技术技能人才培养能力的企业设立学徒岗位；有条件的企业可以与职业学校联合招收学员（学徒），以工学结合的方式进行培养。企业、事业组织应当安排实习岗位，接纳职业学校和职业培训机构的学生实习，并保障学生在实习期间享有休息休假、获得劳动安全卫生保护、接受职业技能指导等权利，对上岗实习的，应当签订实习协议，给予适当的劳动报酬。学校应当加强对实习实训学生的指导，协助安排与学生所学专业相匹配的实习实训岗位。学校和企业、事业组织不得安排学生从事与所学专业无关的实习实训。国家建立健全职业学校学生实习安全风险管理制度。职业学校组织学生参加实习实训，应当为学生购买实习责任保险，费用纳入学校预算予以保障。

规范职业学校的实习的法律文件主要有《中华人民共和国职业教育法》和教育部等八部门 2021 年修订的《职业学校学生实习管理规定》。

职业学校学生实习，是指实施全日制学历教育的中职学校、高职专科学校、高职本科学校（以下简称职业学校）学生按照专业培养目标要求和人才培养方案安排，由职业学校安排或者经职业学校批准自行到企（事）业等单位进行职业道德和技术技能培养的实践性教育教学活动，包括认识实习和岗位实习。

知识链接

认识实习指学生由职业学校组织到实习单位参观、观摩和体验，形成对实习单位和相关岗位的初步认识的活动。

岗位实习指具备一定实践岗位工作能力的学生，在专业人员指导下，辅助或相对独立参与实际工作的活动。

教育主管部门负责统筹指导职业学校学生实习工作；职业学校主管部门负责职业学校实习的监督管理。

职业学校应将学生岗位实习情况按要求报主管部门备案。职业学校应当选择合法经营，无违法失信记录；管理规范，近3年无违反安全生产相关法律法规记录；实习条件完备，符合专业培养要求，符合产业发展实际的企（事）业单位作为实习单位。职业学校在确定新增实习单位前，应当实地考察评估形成书面报告。考察内容应当包括：单位资质、诚信状况、管理水平、实习岗位性质和内容、工作时间、工作环境、生活环境以及健康保障、安全防护等。实习单位名单须经校级党组织会议研究确定后对外公开。

职业学校应当加强对实习学生的指导，会同实习单位共同组织实施学生实习，在实习开始前，根据人才培养方案共同制订实习方案，明确岗位要求、实习目标、实习任务、实习标准、必要的实习准备和考核要求、实施实习的保障措施等。

实习岗位应符合专业培养目标要求，与学生所学专业对口或相近。原则上不得跨专业大类安排实习。

2．职业学校学生实习权益保护

职业学校安排岗位实习，应当取得学生及其法定监护人（或家长）签字的知情同意书。对学生及其法定监护人（或家长）明确不同意学校实习安排的，可自行选择符合条件的岗位实习单位。

职业学校和实习单位要依法保障实习学生的基本权利，并不得有以下情形：

（1）安排、接收一年级在校学生进行岗位实习；

（2）安排、接收未满16周岁的学生进行岗位实习；

（3）安排未成年学生从事《未成年工特殊保护规定》中禁忌从事的劳动；

（4）安排实习的女学生从事《女职工劳动保护特别规定》中禁忌从事的劳动；

（5）安排学生到酒吧、夜总会、歌厅、洗浴中心、电子游戏厅、网吧等营业性娱乐场所实习；

（6）通过中介机构或有偿代理组织、安排和管理学生实习工作。

（7）安排学生从事III级强度及以上体力劳动或其他有害身心健康的实习。

除相关专业和实习岗位有特殊要求，并事先报上级主管部门备案的实习安排外，实习单位应遵守国家关于工作时间和休息休假的规定，并不得有以下情形：

（1）安排学生从事高空、井下、放射性、有毒、易燃易爆，以及其他具有较高安全风险的实习；

（2）安排学生在休息日、法定节假日实习；

（3）安排学生加班和上夜班。

接收学生岗位实习的实习单位，应当参考本单位相同岗位的报酬标准和岗位实习学生的工作量、工作强度、工作时间等因素，给予适当的实习报酬。在实习岗位相对独立参与实际工作、初步具备实践岗位独立工作能力的学生，原则上应不低于本单位相同岗位工资标准的80%或最低档工资标准，并按照实习协议约定，以货币形式及时、足额、直接支付给学生，原则上支付周期不得超过1个月，不得以物品或代金券等代替货币支付或经过第三方转发。

职业学校和实习单位不得向学生收取实习押金、培训费、实习报酬提成、管理费、实习材料费、就业服务费或者其他形式的实习费用，不得扣押学生的学生证、居民身份证或其他证件，不得要求学生提供担保或者以其他名义收取学生财物。

实习单位应当健全本单位安全生产责任制，执行相关安全生产标准，健全安全生产规章制度和操作规程，制定生产安全事故应急救援预案，配备必要的安全保障器材和劳动防护用品，加强对实习学生的安全生产教育培训和管理，保障学生实习期间的人身安全和健康。未经教育培训或未通过考核的学生不得参加实习。

学生在实习期间受到人身伤害，属于保险赔付范围的，由承保保险公司按保险合同赔付标准进行赔付；不属于保险赔付范围或者超出保险赔付额度的部分，由实习单位、职业学校、学生依法承担相应责任；职业学校和实习单位应当及时采取救治措施，并妥善做好善后工作和心理抚慰。

学生基于学校的安排到校外企业实习是学校教学内容的延伸和扩展，学校和企业都负有一定的安全教育和管理义务。学生在校外企业实习期间进行与其所学知识内容相关的实际操作，不应认定学生与企业之间存在劳动关系。学生在实习过程中受到的伤害，应按一般民事侵权纠纷处理，根据有关侵权的法律规定，由学生、学校、企业按过错程度承担相应的责任。

练一练

1. 根据我国劳动法的规定，自然人取得劳动权利能力的年龄是（　　　）。

   A．14周岁　　　　B．16周岁　　　　C．18周岁　　　　D．20周岁

2. 根据《禁止使用童工规定》，禁止（　　　）的未成年人开业从事个体经营活动。

   A．未经监护人同意　　　　　　　B．不满16周岁

   C．不满18周岁　　　　　　　　　D．没有民事行为能力

3. 关于职业学校学生参加顶岗实习，下列说法错误的是（　　　）。

   A．不得安排不满16周岁的学生参加顶岗实习

   B．不得安排学生到酒吧、夜总会、歌厅、洗浴中心等营业性娱乐场所实习

   C．顶岗实习报酬，原则上不低于本单位相同岗位试用期工资标准的80%

   D．学生自行选择实习单位的顶岗实习，需要提交监护人签字的知情同意书

参考文献

[1] 张建飞，俞丹．实用法律基础［M］．北京：法律出版社，2013．

[2] 汪艾玲．法律基础知识案例［M］．3版．北京：中国劳动社会保障出版社，2018．